Kohlhammer

Die Autorin

Dr. Matthea Wagener ist Professorin für Erziehungswissenschaft mit dem Schwerpunkt Grundschulpädagogik an der Technischen Universität Dresden. Ihre Arbeits- und Forschungsschwerpunkte sind Leistungsermittlung und -bewertung in der Grundschule, Übergänge in der Grundschule, soziale Ungleichheit, Professionalisierung von Lehrkräften, Pädagogische Beobachtung und Jahrgangsgemischter Unterricht.

Matthea Wagener

Jahrgangsübergreifender Unterricht

Didaktische Grundlagen und Konzepte

Verlag W. Kohlhammer

Dieses Werk einschließlich aller seiner Teile ist urheberrechtlich geschützt. Jede Verwendung außerhalb der engen Grenzen des Urheberrechts ist ohne Zustimmung des Verlags unzulässig und strafbar. Das gilt insbesondere für Vervielfältigungen, Übersetzungen, Mikroverfilmungen und für die Einspeicherung und Verarbeitung in elektronischen Systemen.

Die Wiedergabe von Warenbezeichnungen, Handelsnamen und sonstigen Kennzeichen in diesem Buch berechtigt nicht zu der Annahme, dass diese von jedermann frei benutzt werden dürfen. Vielmehr kann es sich auch dann um eingetragene Warenzeichen oder sonstige geschützte Kennzeichen handeln, wenn sie nicht eigens als solche gekennzeichnet sind.

Es konnten nicht alle Rechtsinhaber von Abbildungen ermittelt werden. Sollte dem Verlag gegenüber der Nachweis der Rechtsinhaberschaft geführt werden, wird das branchenübliche Honorar nachträglich gezahlt.

Dieses Werk enthält Hinweise/Links zu externen Websites Dritter, auf deren Inhalt der Verlag keinen Einfluss hat und die der Haftung der jeweiligen Seitenanbieter oder -betreiber unterliegen. Zum Zeitpunkt der Verlinkung wurden die externen Websites auf mögliche Rechtsverstöße überprüft und dabei keine Rechtsverletzung festgestellt. Ohne konkrete Hinweise auf eine solche Rechtsverletzung ist eine permanente inhaltliche Kontrolle der verlinkten Seiten nicht zumutbar. Sollten jedoch Rechtsverletzungen bekannt werden, werden die betroffenen externen Links soweit möglich unverzüglich entfernt.

1. Auflage 2022

Alle Rechte vorbehalten
© W. Kohlhammer GmbH, Stuttgart
Gesamtherstellung: W. Kohlhammer GmbH, Heßbrühlstr. 69, 70565 Stuttgart
produktsicherheit@kohlhammer.de

Print:
ISBN 978-3-17-035264-3

E-Book-Formate:
pdf: ISBN 978-3-17-035265-0
epub: ISBN 978-3-17-035266-7

Inhalt

Einleitung		7
1	**Was ist unter jahrgangsübergreifendem Unterricht zu verstehen?**	**9**
1.1	Verständnis im deutschen Sprachraum	9
1.2	Verständnis im englischen Sprachraum	10
1.3	Zusammenfassung	11
2	**Jahrgangsübergreifender Unterricht im Wandel: Entwicklungen und Begründungen**	**13**
2.1	Die Gründungszeit der Grundschule als Ausgangspunkt für Jahrgangsmischung	13
2.2	Jahrgangsmischung in der Grundschule als Unterstufe der Volksschule	14
2.3	Jahrgangsmischung aus reformpädagogischer Sicht	15
2.4	Jahrgangsmischung in der Zeit des Nationalsozialismus	18
2.5	Jahrgangsmischung von 1945 bis in die 1970er Jahre	19
2.6	Entwicklungen der Jahrgangsmischung bis heute	24
2.7	Zwischenfazit	28
3	**Ausgestaltung und Begründung von Jahrgangsmischung in den Bundesländern**	**29**
3.1	Jahrgangsmischung im Kontext der Schuleingangsphase	29
3.2	Gesetzliche Bedingungen zur Erprobung und Realisierung der Schuleingangsphase	31
3.3	Modellprojekte in Verknüpfung mit dem Elementarbereich	38
3.4	Jahrgangsmischung über die Schuleingangsphase hinaus	41
3.5	Zwischenfazit	46
4	**Kontroversen um jahrgangsübergreifenden Unterricht**	**47**
4.1	Kritik auf schulorganisatorischer Ebene	47
4.2	Bedenken auf sozialerzieherischer und didaktischer Ebene	48
4.3	Problematik Forschungsergebnisse zu Leistungsvergleichen	50
4.4	Zwischenfazit	52

5	Lernen im jahrgangsübergreifenden Unterricht	**53**
	5.1 Sichtweisen auf Lernen	54
	5.1.1 Behavioristische Sichtweise	54
	5.1.2 Kognitivistische Perspektive	55
	5.1.3 (Sozial-)Konstruktivistische Perspektive	56
	5.2 Ko-konstruktives Lernen im jahrgangsübergreifenden Lerntandem	61
	5.3 Didaktische Überlegungen zur Ermöglichung ko-konstruktiven Lernens	68
6	Individualisierende Unterrichtsarrangements im jahrgangsübergreifenden Unterricht	**70**
	6.1 Begriffliche Annäherung an »Individualisierung«	70
	6.2 Didaktische Unterrichtsarrangements zur Individualisierung	74
	6.2.1 Arbeitspläne	74
	6.2.2 Erarbeitung eines selbst gewählten Themas	75
	6.2.3 Aufgaben zur Ko-Konstruktion im jahrgangsübergreifenden Lerntandem	77
	6.3 Ausgewählte Unterrichtsarrangements	78
	6.3.1 Lernwege	78
	6.3.2 Kooperative Erarbeitung eigener Fragen	83
	6.4 Abschließende Überlegungen	87
7	Vom jahrgangshomogenen zum jahrgangsgemischten Unterricht: Ein Innovationsprozess	**89**
	7.1 Innovationen und deren Implementierung	89
	7.1.1 Zum Begriffsverständnis von Innovation im schulischen Kontext	90
	7.1.2 Zum Begriffsverständnis von Implementierung schulischer Innovationen	90
	7.1.3 Bedingungen für eine erfolgreiche Implementierung	92
	7.2 Interviews mit Schulleitungen: Zur Implementierung von Jahrgangsmischung	94
	7.2.1 Angaben zur Durchführung der Interviews	94
	7.2.2 Analyse der Interviews	97
	7.3 Zusammenfassung	118
Literatur		**120**

Einleitung

Jahrgangsübergreifender Unterricht – Didaktische Grundlagen und Konzepte möchte dazu beitragen, jahrgangsübergreifenden Unterricht zu verstehen. Dabei geht es nicht nur um ein Modell der Unterrichtsorganisation, in der verschiedene Jahrgänge in einer Klasse zusammen lernen. Jahrgangsübergreifender Unterricht ist auch nicht als Formel oder ein Rezept zu begreifen, das vorgibt, was richtig oder falsch ist (vgl. Stone & Burriss 2019, 11). Vielmehr ist jahrgangsübergreifender Unterricht als ein pädagogisches Konzept zu verstehen, das viele Variationen zulässt (vgl. ebd.).

In diesem Buch wird jahrgangsübergreifender Unterricht aus verschiedenen Perspektiven betrachtet, um zur Auseinandersetzung damit anzuregen und Impulse für die Praxis zu geben.

Das erste Kapitel (▶ Kap. 1) befasst sich mit dem Begriffsverständnis, das die Vielschichtigkeit des jahrgangsübergreifenden Unterrichts widerspiegelt. Im deutschsprachigen Raum werden Begriffe wie *jahrgangsübergreifend* oder *jahrgangsgemischt* synonym verwendet, während im englischsprachigen Raum mit der Bezeichnung auf die Organisation des Unterrichts verwiesen wird. Dennoch gibt es auch im englischsprachigen Raum eine Vielzahl an nicht präzise abgrenzbaren Realisierungsformen, die eine eindeutige Definition erschweren.

Da die Jahrgangsmischung seit der Gründung der Grundschule verschiedenen Wandlungen und Strömungen unterworfen war und auch heute noch ist, werden im zweiten Kapitel (▶ Kap. 2) ausgewählte Zeitabschnitte genauer beleuchtet, anhand derer bildungspolitische, ökonomische und pädagogische Argumentationen nachgezeichnet werden. Einige Begründungen wie beispielsweise demographische und pädagogische Aspekte sind nach wie vor aktuell.

Einen wichtigen Einfluss hatte die »neue« Schuleingangsphase auf die Einführung jahrgangsübergreifenden Unterrichts. Dessen Erprobung in Form der Mischung des ersten und zweiten Schuljahrgangs fand in den einzelnen Bundesländern teilweise als Modellprojekt oder in Form von Schulversuchen statt. Auch über die Schuleingangsphase hinaus kann jahrgangsübergreifend unterrichtet werden. Über die verschiedenen Modelle und gesetzlichen Bestimmungen in den Bundesländern gibt das dritte Kapitel (▶ Kap. 3) Auskunft.

Jahrgangsmischung wurde und wird nach wie vor kontrovers diskutiert. Diese Kontroversen werden im vierten Kapitel (▶ Kap. 4) thematisiert, wobei deutlich wird, dass die Diskussion auf sehr unterschiedlichen Ebenen geführt wird.

Im Zentrum des fünften Kapitels (▶ Kap. 5) stehen verschiedene Sichtweisen auf das Lernen. Herausgearbeitet wird das kollektive Lernen im Grundschulalter, das insbesondere in jahrgangsübergreifenden Konstellationen Lernprozesse anregen kann. Anhand einer Gesprächssequenz zweier Mädchen im jahrgangsübergreifenden Lerntandem wird veranschaulicht, wie Kinder in Ko-Konstruktion eine Aufgabe im Sachunterricht bearbeiten.

Auch das sechste Kapitel (▶ Kap. 6) greift die Unterrichtspraxis auf. Im Mittelpunkt stehen individualisierende Unterrichtsarrangements, die immer wieder gefordert werden. Die Herausforderungen, die sich für Lehrkräfte ergeben, werden in ihrem Spannungsfeld zwischen Individualisierung und Standardisierung genauer betrachtet. Ausgewählte Unterrichtsarrangements werden vorgestellt und im Hinblick auf ihre Ermöglichung von Individualisierung im Unterricht beleuchtet.

Schließlich geht es im siebten Kapitel (▶ Kap. 7) um die Entwicklung vom jahrgangshomogenen zum jahrgangsübergreifenden Unterricht. Um diesen Innovationsprozess detailliert beschreiben zu können, wurden eine Schulleiterin und ein Schulleiter interviewt, die »aus erster Hand« Auskunft über den Entwicklungsprozess ihrer Schule geben. Herausstellen lassen sich damit Prozesse und Bedingungen, die zum Gelingen der Institutionalisierung von jahrgangsübergreifendem Unterricht beitragen.

1 Was ist unter jahrgangsübergreifendem Unterricht zu verstehen?

Jahrgangsübergreifender Unterricht hat sowohl national als auch international Konjunktur, wird aber gleichzeitig auch kritisch unter die Lupe genommen. Dieses Kapitel beschäftigt sich mit dem Begriffsverständnis im nationalen und internationalen Kontext, wodurch die Spezifik der Jahrgangsmischung aufgespannt werden soll.

1.1 Verständnis im deutschen Sprachraum

In Deutschland wird unter jahrgangsübergreifendem Unterricht schlicht das Unterrichten verschiedener Jahrgänge in einer Lerngruppe bzw. einer Schulkasse verstanden. Begriffe wie *jahrgangsgemischtes*, *altersgemischtes*, *altersheterogenes*, *jahrgangsübergreifendes* oder *jahrgangskombiniertes* Lernen werden synonym verwendet. Häufig wird der Begriff der Jahrgangsmischung und nicht der Altersmischung verwendet, da üblicherweise auch in Jahrgangsklassen eine größere Altersspanne vorzufinden ist. Somit soll mit dem Begriff der Jahrgangsmischung deutlich gemacht werden, dass es sich um eine Mischung schulischer Jahrgänge handelt (vgl. Demmer-Dieckmann 2005, 9). Dabei ist eine immense Vielfalt an Organisationsformen auszumachen, die in folgender Übersicht nur angedeutet werden kann und nicht als trennscharf zu verstehen ist, da viele Überschneidungen möglich sind (vgl. Wagener 2020, 226f., ▶ Tab. 1).[1]

Die Darstellung zeigt zwar vielfältige Organisationsformen jahrgangsübergreifenden Unterrichts auf, gibt jedoch keine Hinweise darauf, wie der Unterricht konzeptionell gestaltet wird. Eine etwas differenziertere Sichtweise findet sich in der Schweiz, Österreich und im englischen Sprachraum.

In der Schweiz ist der Begriff des *altersdurchmischten Lernens* (AdL) gängig, aber auch *altersgemischtes, altersheterogenes und jahrgangsübergreifendes Lernen* werden synonym verwendet. Gemeint ist damit, dass Schülerinnen und Schüler unabhängig von ihrem Alter »gemeinsam und differenziert nach ihrem Entwicklungs- und Lernstand« (Achermann & Gehrig 2011, 18) lernen und Heterogenität als Res-

---

1 Ein Beispiel hierfür wäre die Kombination der Klassen 1 bis 3, in denen separate Mathematikstunden für die Kinder der Klassenstufe 3 vorgesehen sind.

Tab. 1: Organisationsformen von Jahrgangsübergreifendem Unterricht (eigene Darstellung)

Kombinationsformen verschiedener Jahrgänge in der Grundschule:	Zeitlich und fachlich begrenzte Jahrgangsmischung in der Grundschule:
• 1 und 2 (Schuleingangsphase), anschließend Jahrgangsklassen 3 und 4 • 1 bis 3 (insbesondere Berlin und Brandenburg, hier auch Kombination der Klassen 4 bis 6), anschließend Jahrgangsklasse 4 (in Berlin und Brandenburg auch 5 und 6) • 1 und 2, 3 und 4 • 1 bis 4 • 1 und 4 sowie 2 und 3 im fluktuierenden System (vgl. Burk 1996, 68)	• nach Fächern und Kursen (z. B. Jahrgangsgruppierung in Einführungsstunden oder Fächern wie Deutsch und Mathematik) • durch Wahlangebote wie Arbeitsgemeinschaften und Ganztagsangebote

source für das gemeinsame Lernen und Zusammenleben betrachtet wird (ebd.). Der Begriff des *altersdurchmischten Lernens* steht für ein pädagogisches Konzept, das im zweiten Kapitel genauer ausgeführt wird. Demgegenüber ist mit dem Begriff der *Mehrklassenschule* eine Unterrichtsgestaltung verbunden, in der zwar zwei, drei oder mehr Klassen in einem Raum von einer Lehrperson unterrichtet werden, aber jede Klassenstufe ihren eigenen Stoffplan hat, sodass die Lehrperson eine Art Abteilungsunterricht durchführt.

In Österreich existieren laut Nationalem Bildungsbericht *jahrgangsgemischte Mehrstufenklassen*, die aufgrund der hohen Anzahl kleiner Schulen (30 Prozent aller Volksschulen) zwangsläufig gebildet werden (Breit et al. 2019, 21). Demgegenüber wird im Modell der *Wiener reformpädagogischen Mehrstufenklassen* ein Konzept favorisiert, das »eine altersbezogene Heterogenität« (ebd.) bewusst in die pädagogische Arbeit einbindet, sodass der Beweggrund, Mehrstufenklassen zu bilden weniger ein organisatorischer als vielmehr ein pädagogischer ist.

1.2 Verständnis im englischen Sprachraum

Im englischen Sprachraum stellt sich das Verständnis der Jahrgangsmischung zwar differenziert dar, allerdings lassen sich auch hier viele verschiedene Terminologien finden, die teilweise synonym verwendet werden, was sich erschwerend sowohl in Diskussionen um Jahrgangsmischung als auch in der Forschung zeigt (vgl. Ronksley-Pavia, Barton & Pendergast 2019, 26). In Orientierung an Cornish (2010) und Lloyd (1999) lässt sich folgender Überblick zusammenstellen (▶ Tab. 2).

Tab. 2: Organisationsformen im englischen Sprachraum (eigene Darstellung)

Multigrade Class (synonym auch *combination class, composite class, split class, mixed-grade,* auch *mixed-age class*)	**Multiage Class**	**Nongraded Class**
Die Mischung geschieht aufgrund demographischer Notwendigkeit: Da vor allem in ländlichen Gebieten nicht genügend Schülerinnen und Schüler vorhanden sind, um Jahrgangsklassen zu bilden, werden zwei und mehr Jahrgangsstufen zusammen in einem Klassenzimmer unterrichtet. Der Unterricht findet zumeist getrennt nach Jahrgangsgruppen, ähnlich dem Abteilungsunterricht statt. Dies trifft insbesondere auf dünn besiedelte Gebiete in Ländern wie Australien (Cornish 2010), Schweden (Aber-Bengtsson 2009), Türkei (Aksoy 2008) und Finnland (Kalaoja & Pietarinen 2009) zu. In städtischen Schulen werden häufig zeitweilig *composite classes* gebildet, häufig auch als Übergangslösung, wenn Jahrgangsklassen aufgrund der Anzahl der Schülerinnen und Schüler nicht zustande kommen. Wenn möglich, kombinieren diese Schulen die Stufen 1/2, 3/4, 5/6, schließlich aber in aufeinanderfolgende Jahrgänge, sobald die Schülerzahlen dies erlauben.	Die Mischung geschieht aus pädagogischen Gründen: Der Unterricht findet nicht in Abteilungen statt, sondern orientiert sich an den individuellen Bedürfnissen der Schülerinnen und Schüler und der Annahme, dass Lernen im gemeinsamen Austausch mit Peers stattfindet. Die Mischung erfolgt meistens in der Variation von mehr als drei Jahrgängen. An vielen Schulen arbeiten die Schülerinnen und Schüler intern entsprechend ihres Klassencurriculums oder werden zeitweise in Jahrgangs- oder Leistungsgruppen unterteilt.	Die Mischung geschieht aus pädagogischen Gründen: Der Begriff *nongraded* besagt, dass Kinder unabhängig von ihrer Klassenstufe, aber im Zusammenhang mit ihrer Leistungsentwicklung unterrichtet werden. Gearbeitet wird in den verschiedenen Fächern auf unterschiedlichen Niveaus. Der Begriff »multi-age« wird zwar häufig synonym verwendet, beschreibt jedoch nicht grundsätzlich das Vorgehen im Sinne des *nongraded Unterrichts,* der keinerlei Abteilungsunterricht vorsieht. Diese Art des Unterrichts wird gewöhnlich in privaten Schulen praktiziert.

1.3 Zusammenfassung

Trotz der Vielfalt der Begriffe und der Vielzahl an Realisierungsformen lassen sich im Wesentlichen zwei Hauptbegründungen ausmachen, die sowohl im nationalen als auch im internationalen Zusammenhang von Bedeutung sind: Jahrgangsmischung bzw. jahrgangsübergreifender Unterricht (in diesem Buch synonym verwendet) wird aus der Notwendigkeit (z. B. Mangel an Schülerinnen und Schülern, aber auch Mangel an Lehrkräften, Vermeidung von Schulschließungen) sowie aus pädagogischen Erwägungen (z. B. Förderung des individuellen und gemeinsamen Lernens, Entwicklung) heraus praktiziert. Beide Begründungen werden im folgenden Kapitel näher beleuchtet und im Rahmen der Entstehung und Entwicklung der Grundschule seit 1919 in ihrem Stellenwert nachvollzogen.

2 Jahrgangsübergreifender Unterricht im Wandel: Entwicklungen und Begründungen

Der jahrgangsübergreifende Unterricht war seit der Gründung der Grundschule immer wieder verschiedenen Strömungen und Wandlungen unterworfen, die im folgenden Kapitel anhand prägnanter Zeitabschnitte nachvollzogen werden. Die Zeit der Gründung der Grundschule bildet den historischen Ausgangspunkt (▶ Kap. 2.1), gefolgt von Überlegungen zur Frage, welche Bedeutung die Grundschule als Unterstufe der Volksschule für die Jahrgangsmischung hatte (▶ Kap. 2.2). Als wichtige Zäsur werden reformpädagogische Konzepte betrachtet, in denen Jahrgangsmischung pädagogisch begründet wurde (▶ Kap. 2.3). In der Zeit des Nationalsozialismus war die Jahrgangsmischung in Bezug auf das Erreichen staatskonformer Erziehungsziele bedeutend (▶ Kap. 2.4) und wurde nach dem Zweiten Weltkrieg sowohl in der neu gegründeten Deutschen Demokratischen Republik als auch später in der Bundesrepublik als rückständig betrachtet (▶ Kap. 2.5). Im Anschluss werden die aktuellen Entwicklungen dargelegt (▶ Kap. 2.6), bevor das Kapitel mit einem Zwischenfazit (▶ Kap. 2.7) abgeschlossen wird.

2.1 Die Gründungszeit der Grundschule als Ausgangspunkt für Jahrgangsmischung

Hinsichtlich der Auseinandersetzung mit jahrgangsübergreifendem Unterricht in der Grundschule wird von ihrer Gründung im Jahr 1919 ausgegangen. Zunächst wurde die Grundschule nicht als eigenständige Institution gegründet, sondern umfasste die vier unteren Jahrgänge der Volksschule. Diese wiederum war eine Einrichtung aus der Kaiserzeit, die weitergeführt wurde. Die systemische Verbindung von Grundschule und Volksschule blieb bis 1964 bestehen, wie auch im Reichsgrundschulgesetz von 1920 ersichtlich wird: »Die Volksschule ist in den vier untersten Jahrgängen als die für alle gemeinsame Grundschule, auf der sich auch das mittlere und höhere Schulwesen aufbaut, einzurichten.«[2] Erst 1964 wur-

---

2 Gesetz, betreffend die Grundschulen und Aufhebung der Vorschulen (28.04.1920), unter: http://www.documentArchiv.de/wr/1920/grundschulgesetz.html (abgerufen am 19.06.2020).

de die Grundschule zur eigenständigen Institution, unabhängig von der Hauptschule (vgl. Götz 2019, 40).

Als »die für alle gemeinsame Grundschule« sollte sie Kindern unabhängig von ihrer sozialen Herkunft eine erfolgreiche Schullaufbahn gewähren. Allerdings wurde dieser Anspruch von Anfang an nur teilweise eingelöst. Aufgrund des Kriteriums der Schulfähigkeit, die sich nicht nur auf den Schulanfang bezieht, konnte und kann die Grundschule keine »für alle gemeinsame Schule« sein, als welche sie ursprünglich bezeichnet wurde. Denn die Selektion von nicht schulfähigen Kindern vor dem Eintritt in die Grundschule (im Reichsschulpflichtgesetz von 1938 gesetzlich verankert[3]) zeigt sich bis heute insbesondere in Form einer erheblichen Anzahl an Zurückstellungen vom Schulbesuch (vgl. Pape 2016, 104). Darüber hinaus erfuhr die Einrichtung von Hilfs- bzw. Sonderschulen in der Zeit der Weimarer Republik und insbesondere in der NS-Zeit einen erheblichen Gewinn durch ihren Ausbau im Rahmen eines eigenständigen Sonderschulwesens (vgl. Hänsel 2006). Diese Einschränkungen des Anspruchs der Grundschule als Einheitsschule wurden in der Erziehungswissenschaft bisher eher randständig thematisiert. Nach Herrlitz, Hopf und Titze (1998, 126) kann die Grundschule verstanden werden als Schule, in der »die strikte Segregation von höherer und niederer Bildung – allerdings nicht die von ›Normalschulen‹ und ›Hilfsschulen‹ für geistig und körperlich Behinderte – durchbrochen« wird. Diese Aussage ist bis heute zutreffend.

2.2 Jahrgangsmischung in der Grundschule als Unterstufe der Volksschule

Als Grundlage für die Auseinandersetzung mit der Jahrgangsmischung ist der schon erwähnte Zusammenhang von Grundschule und Volksschule zu betrachten. Die Grundschule wurde nicht als eigenständige Institution eingerichtet, sondern umfasste die vier unteren Jahrgänge der Volksschule. Somit war sie auch der standortabhängigen Gliederung unterworfen und damit sehr unterschiedlichen Bedingungen in der Stadt und auf dem Land. Die Mehrzahl der preußischen Volksschulen befand sich auf dem Land und war überwiegend jahrgangsübergreifend (ein- und zweiklassig) organisiert, während die städtischen Volksschulen mehrheitlich in Jahrgangsklassen gegliedert waren.

Die Unterrichtsbedingungen waren also sehr unterschiedlich, da insbesondere auf dem Land sehr ungünstige Rahmenbedingungen vorherrschten. Beklagt wurden vom Deutschen Lehrerverein in der Denkschrift »Die Landschule« von 1926 vor allem die unzureichende Ausstattung an Personal und Lehrmitteln an den

---

3 Gesetz über die Schulpflicht im Deutschen Reich (Reichsschulpflichtgesetz), unter: http://www.verfassungen.de/de33-45/schulpflicht38.htm (abgerufen am 19.06.2020).

Schulen sowie die zu hohe Schülerzahl pro Klasse. Die Beurteilung der Lernentwicklung der einzelnen Kinder fiel überwiegend negativ aus, da zu wenige Unterstützungsmaßnahmen auf dem Land vorhanden waren. Hinsichtlich der aus Ressourcenmangel begründeten jahrgangsübergreifenden Unterrichtsgestaltung wurden didaktische Fragen der Unterrichtsdifferenzierung jedoch kaum gestellt und fanden sich auch nicht in den preußischen Richtlinien (vgl. Pape 2016, 110). Da eine spezielle Didaktik fehlte, wurde entsprechend einer vom Jahrgangsklassensystem bestimmten Abteilungsgliederung aus der Zeit des Kaiserreichs unterrichtet, obwohl einige Kritikpunkte angeführt wurden. Diese bezogen sich darauf, dass Lehrkräfte zu wenig Zeit zur Anleitung und gemeinsamen Erarbeitung von Unterrichtsgegenständen mit den Kindern hatten, sodass es sich bei den Lehrprozessen eher um »Methoden des Einpaukens« (ebd., 145) handelte.

Eine Abkehr vom Abteilungsunterricht innerhalb jahrgangsübergreifender Klassen wurde in reformpädagogischen Ansätzen deutlich, in denen didaktische Prinzipien wie das Ganzheits- und Gemeinschaftsprinzip, die Selbsttätigkeit des Kindes und das Lernen durch praktisches Tun zum Ausdruck gebracht wurden. Im Folgenden werden prägnante Ansätze aus reformpädagogischer Perspektive in Bezug auf Jahrgangsmischung skizziert.

2.3 Jahrgangsmischung aus reformpädagogischer Sicht

Aus reformpädagogischer Sicht entwickelten sich Konzepte, die sich mit pädagogischen Argumenten für die Jahrgangsmischung aussprachen. Sie können als Gegenmodell zur Volksschuldidaktik betrachtet werden, in der die jahrgangsübergreifende Klassenbildung gezwungenermaßen aus fehlenden räumlichen und personellen Ressourcen resultierte.

Als prominente Vertreterin und Vertreter sind Maria Montessori (1870–1952), Peter Petersen (1884–1952) und Berthold Otto (1859–1933) zu nennen, die das Jahrgangsklassensystem kritisierten und sich konzeptionell sehr ausführlich zur Jahrgangsmischung äußerten. Die Jahrgangsklasse wurde als eine »unnatürlich« zusammengesetzte Lerngruppe betrachtet, da nirgendwo anders als in der Schulklasse Gruppen in Jahrgängen zusammengesetzt sind.

Maria Montessori, italienische Ärztin (erste Frau, die Medizin studieren konnte) und Pädagogin, betrachtete Jahrgangsmischung als natürliche Umgebung, ähnlich der Altersstruktur in der Familie. Sie plädierte für die Mischung von drei Jahrgängen, begründete dies aber nicht explizit (vgl. Montessori 1972, 86). Die Kombination dieser Altersstufen erweist sich Maria Montessori zufolge als Förderung der Entwicklung des Kindes:

> »In vielen Schulen werden erst die Jungen von den Mädchen geschieden und dann alle noch nach den Lebensjahren, jeder Jahrgang in eine eigene Klasse. Das ist ein fundamentaler Irrtum, der zu allerlei Fehlern führt – diese künstliche Absonderung, in der

sich der soziale Sinn nicht entwickeln kann. [...] Unsere Schulen zeigten, wie Kinder verschiedenen Lebensalters einander halfen. Der Kleinere schaut, was der Größere tut, und fragt allerlei darüber, und der Ältere erklärt es ihm. Dies ist wirklicher Unterricht, denn die Auslegung und Erklärung eines fünfjährigen Kindes steht dem Begreifen eines dreijährigen so nahe, dass das Kleine alles leicht begreift, während wir seine Intelligenz kaum zu erreichen wüßten. Es besteht eine Harmonie zwischen ihnen und ein Gedankenaustausch, der zwischen einem Erwachsenen und einem so kleinen Kind nicht möglich ist. Es gelingt den Lehrerinnen nicht, dem dreijährigen Kind alle Dinge begreiflich zu machen; aber das Kind von fünf Jahren macht es ihm klar. [...] Die Leute machen sich Sorgen, ob das Fünfjährige, während es [...] dem anderen hilft, selbst wohl genug lernen wird. Erstens unterrichtet es nicht dauernd, es hat auch seine Freiheit und weiß sie zu gebrauchen. Aber [...] daneben legt es, selbst unterrichtend, seine eigenen Kenntnisse sauber fest, denn es festigt jedes Mal gehörig seine Kenntnis, weil es diese aufs Neue analysieren und mit ihr umgehen muß, es sieht also alles mit größerer Klarheit« (ebd., 87ff.).

Das ausführliche Zitat verdeutlicht verschiedene Begründungen der Jahrgangsmischung von Montessori: Die Zuordnung der Kinder zu geschlechts- und altershomogenen Klassen betrachtet sie als unnatürliche Vorgehensweise. Gerade die Verschiedenheit der Kinder wirkt sich positiv auf die kognitive und vor allem soziale Entwicklung der Schülerinnen und Schüler aus. Das Helfen der Kinder untereinander spielt dabei eine zentrale Rolle und lässt gegenseitige Achtung und Interesse entstehen. Die jahrgangsübergreifende Lerngruppe bietet ein soziales Umfeld, in dem den Kindern ermöglicht wird, sich in wechselnden Rollen zu erleben: Sie können von den Kenntnissen der Älteren profitieren und jüngere Kinder unterstützen. Zudem weist Maria Montessori in diesem Zusammenhang darauf hin, dass sich Kinder im Hinblick auf das Erklären und Begreifen näherstehen als Erwachsene und Kinder.

Montessori scheint davon auszugehen, dass es die Aufgabe der Älteren ist, jüngeren Kindern zu helfen. Der umgekehrte Fall wird als Lernchance nicht einbezogen. Der Sorge, dass ein älteres Kind nicht genug lernt, wenn es den Jüngeren hilft, begegnet Maria Montessori damit, dass das ältere Kind beim Helfen sein Wissen festigt.

Damit wird die Befürchtung von Kritikern, dass die älteren Kinder nicht genügend lernen würden entschärft. Montessori meint dazu: Das Kind »vervollkommnet [...] das, was es weiß, indem es lehrt, denn es muß seinen kleinen Wissensschatz analysieren und umarbeiten, will es ihn an andere weitergeben. Dadurch sieht es die Dinge klarer und wird für den Austausch entschädigt« (ebd., 204). Anzumerken ist, dass bei Montessori das gegenseitige Helfen ausschließlich positiv konnotiert ist und die Theorie der Entkopplung des Lernstands vom Jahrgang unberücksichtigt bleibt, da ausschließlich davon die Rede ist, dass die Älteren den Jüngeren helfen. Mit der von Montessori ausschließlich positiv dargestellten Wirkung von Jahrgangsmischung stellt sich die Frage, inwiefern diese Idealisierung »geradegerückt« werden könnte, um eine fundierte Theorie begründen zu können.

Peter Petersen, Universitätsprofessor in Jena und Gründer der Jena-Plan-Schule, spricht vom *Bankrott der Jahrgangsklasse*. Drei Jahrgänge werden im Konzept des Jena-Plans (Petersen 1927, erstmals veröffentlicht) in Form von Stammgruppen zusammengefasst. Diese bestehen aus der Untergruppe (1. bis 3. Schuljahr), der Mittelgruppe (4. bis 6. Schuljahr), der Obergruppe (7. bis 8. Schuljahr) und der Jugendlichengruppe (9. bis 10. Schuljahr). Die jahrgangsübergreifenden Stammgruppen haben zum Ziel, dass ältere Schüler den jüngeren sowie »Klügere dem nicht so Begabten« (Petersen 1934/1984, 135) helfen. Petersen erläutert, wie sich Kinder gegenseitig in Inhalte oder Arbeitstechniken einführen bzw. erzieherische Aufgaben wahr- und übernehmen. Diese Gespräche betrachtet er als Potenzial, welches das didaktische Handeln der Lehrperson ergänzt. Damit sich dieses Potenzial entfalten kann, muss der Unterricht entsprechend gestaltet und den Kindern in ihren »Kräften, Neigungen, Interessen und menschlichen Beziehungen Bewegungs- und Äußerungsfreiheit gegeben werden« (ebd., 65). Mit dem jährlichen Wechsel innerhalb der Stammgruppen durch das Verlassen bzw. Hinzukommen von Schülerinnen und Schülern sollen Stigmatisierungen (z. B. der Langsame, der Kluge) möglichst verhindert werden. An oberster Stelle steht bei Peter Petersen die Gemeinschaft – das heißt die Schulgemeinde. Dieser ordnet sich der Mensch mit seiner Individualität unter (vgl. Burk 2007, 27). Petersen sieht in jahrgangsübergreifenden Lerngruppen ein Verhältnis von »Lehrling, Geselle und Meister«, was aus heutiger Sicht kritisch zu betrachten ist, da erstens das individuelle Leistungsvermögen verdeckt bleibt und zweitens die Gefahr besteht, dass die einzelnen Jahrgänge eher in hierarchischen Verhältnissen und weniger in gleichberechtigten Beziehungen zueinanderstehen (vgl. Laging 2003, 13).

Das Konzept des Gesamtunterrichts von Berthold Otto (1859–1933) stellt einen enormen Bruch mit dem etablierten Jahrgangsklassensystem dar. Im Gesamtunterricht treffen sich Kinder und Jugendliche zwischen 6 und 17 Jahren in einem großen Raum, analog zum Gespräch am Familientisch. Berthold Otto schreibt dazu:

> »Der Gesamtunterricht [...] bezieht sich auf das Zusammensein der ganzen Schule, wo 6jährige bis 17jährige zusammen sind. Gerade daran liegt es mir außerordentlich viel, an der geistigen Gemeinschaft verschiedener Lebensalter. Es ist das auch, wodurch die Familie in der geistigen Ausbildung der Kinder den bisherigen Schulen entschieden überlegen ist. [...] Man muss am Familientisch so sprechen, dass die Kinder es schließlich alle verstehen, und ebenso müssen wir hier, wenn wir uns vom 6jährigen bis 17jährigen hinauf verständigen wollen, die Verständigungsmittel in der Sprache und in der ganzen Darstellungsweise dessen, was wir gesehen, gedacht und erlebt haben, so einrichten, dass wir zu einer gegenseitigen Verständigung gelangen. Wir haben dadurch mehr, als es bei einer rein gleichaltrigen Klasse der Fall sein kann, ein Abbild der Art und Weise, wie die Menschen selbst bei der Erforschung der Welt geistig miteinander verkehren; denn die verschiedenen Menschen, die auf verschiedenen Gebieten tätig sind, stehen selbstverständlich auf recht verschiedenen Standpunkten, und die gegenseitige Verständigung fällt mitunter recht schwer« (Otto 1913, 7f.).

Nach Otto (vgl. ebd.) werden Kinder und Jugendliche in diesem Unterricht darauf vorbereitet, dass Menschen verschiedene Interessen haben und über verschiedene Fähigkeiten verfügen, sich verständlich zu machen. Gelernt wird nicht nur, sich über verschiedene Themen inhaltlich auszutauschen, sondern auch, sich gegenseitig zu respektieren und geduldig zu sein. Auch wenn der Gesamtunterricht nicht durchgängiges Prinzip in Ottos Schulkonzept ist, so zeigt sich doch ein großer Unterschied im Vergleich zur Jahrgangsklasse. Mit seinem Verweis auf die Erforschung der Welt stellt Otto das wissbegierige Kind mit dessen Fragen und Interessen in den Mittelpunkt des Unterrichts (vgl. Klaas 2013, 29). Die Verschiedenheit der Anderen wirkt nicht lernhemmend, sondern anregend. In der gegenseitigen Toleranz und Achtung der Verschiedenartigkeit der Menschen liegt Otto zufolge ein erzieherischer Wert (vgl. ebd.).

Den Konzepten von Maria Montessori, Peter Petersen und Berthold Otto ist gemeinsam, dass sie den jahrgangsübergreifenden Unterricht als bewusst zu gestaltende pädagogische Herausforderung verstehen, die positiv bewältigt werden kann. Durch die Betonung des didaktischen Handelns und dem Anspruch eines starken Reflexionsvermögens vonseiten der Lehrperson unterscheiden sich die reformpädagogischen Begründungen der Jahrgangsmischung deutlich von der Volksschuldidaktik des Kaiserreichs. Allerdings lässt sich nur schwer beurteilen, inwieweit die reformpädagogischen Ideen tatsächlich im Unterricht umgesetzt wurden bzw. ob die Verfechterinnen und Verfechter reformpädagogischer Vorstellungen auch Einfluss auf die Schulreform hatten (vgl. Schmitt 1992, 11). Interessanterweise lässt sich feststellen, dass sich aktuelle Begründungen eng an reformpädagogischen Sichtweisen orientieren, was in Abschnitt 2.5 noch weiter ausgeführt wird (▶ Kap. 2.5).

2.4 Jahrgangsmischung in der Zeit des Nationalsozialismus

In der Zeit des Nationalsozialismus wird die Bezeichnung »Grundschule« zugunsten der »vier unteren Jahrgänge der Volksschule« aufgegeben. Der Grundschule wird nun nicht mehr der eigenständige Bildungsauftrag der Persönlichkeitsbildung zugeschrieben und damit verbunden werden die individuellen Entwicklungsbedürfnisse von Kindern negiert (vgl. Rodehüser 1987, 301). Die Curricula sind deutlich nationalsozialistisch geprägt. In den »Richtlinien für den Unterricht in den vier unteren Jahrgängen der Volksschule« von 1937 heißt es: »Die Volksschule hat nicht die Aufgabe, vielerlei Kenntnisse zum Nutzen des einzelnen zu vermitteln. Sie hat alle Kräfte der Jugend für den Dienst an Volk und Staat zu entwickeln und nutzbar zu machen. In ihrem Unterricht hat daher nur der Stoff Raum, der zur Erreichung dieses Ziels erforderlich ist« (zit. n. Scheibe 1974, 83). Margarete Götz und Uwe Sandfuchs (2014, 38) zufolge bedeutet das allerdings nicht, dass davon auszugehen wäre, dass sich die Grundschule von Beginn der NS-Zeit an »reichseinheitlich« entwickelt hat. Denn die Weimarer Grundschulrichtlinien galten noch bis weit in die 1930er Jahre hinein. Weiterhin waren veraltete Schulbücher in Benutzung, die dem Reichserziehungsministerium nachgeordneten Behörden handelten häufig eigenmächtig und darüber hinaus hat sich die Situation an Schulen im Laufe des Krieges zunehmend verschlechtert, sodass ein regelrechter Unterricht eher selten war (ebd.).

Angaben zur Bildung jahrgangsheterogener bzw. -homogener Klassen sind nach Martin Pape (2016, 121) in den amtlichen Erlassen der nationalsozialistischen Schulpolitik nicht zu finden. Die Reichsrichtlinien von 1939 besagen (zit. n. Scheibe 1974, 86): »Die Aufgliederung in Klassen richtet sich nach den örtlichen Verhältnissen, insbesondere nach der vorhandenen Zahl der Schulkinder«. Insofern wird auch die Klassenzusammensetzung entsprechend der Weimarer Zeit fortgeführt. Der Schule auf dem Land kommt die besondere Bedeutung zu, »die Kinder im Sinne einer ›frühzeitigen Berufsverbundenheit‹ zu erziehen und sie auf ihre Rolle als Bauern und Arbeiter auszurichten, die für den Staat im bevorstehenden Krieg von Bedeutung ist« (Pape 2016, 123). Die jahrgangsheterogene Klasse bietet aus Sicht der NS-Didaktik günstige Bedingungen dafür, da die Lehrkraft in ihr über Jahre hinweg die gleichen Kinder unterrichtet. Insbesondere »die einklassige [...] Schule zeigt in mancher Hinsicht ein Abbild der Familie, da sie Kinder verschiedenen Alters und Geschlechts umfaßt. Der Lehrer hat die Kinder mehrere Jahre hindurch zu betreuen, wodurch er sie besser kennenlernt und deshalb auch besser führen kann« (Huber 1944, 91, zit. n. Pape 2016, 124). Somit lassen sich aufgrund des Einflusses der Lehrkräfte nationalsozialistische Erziehungsziele in der jahrgangsheterogenen Klasse leichter verwirklichen (vgl. ebd.). Hinzu kommt, dass die älteren Schülerinnen und Schüler dazu angehalten waren, erzieherische Aufgaben für die Jüngeren zu übernehmen, was in der NS-Zeit ausgenutzt wurde. Auch wenn die jahrgangsübergreifende Landschule als besonders nützlich beim Erreichen der Erziehungsziele betrachtet wurde, so blieb sie finanziell dennoch ungenügend ausgestattet (vgl. ebd., 124).

Insgesamt zeigt sich, dass die nationalsozialistische Bildungspolitik die jahrgangsheterogen gegliederte Grund- und Volksschule für sich vereinnahmen und die begrenzten Rahmenbedingungen zur Realisierung ihrer Erziehungsziele nutzen konnte (vgl. ebd.).

2.5 Jahrgangsmischung von 1945 bis in die 1970er Jahre

Mit dem Ende des Zweiten Weltkriegs entwickelten sich in der Deutschen Demokratischen Republik (DDR) und der Bundesrepublik Deutschland (BRD) unterschiedliche Schulstrukturen, die sich mit Blick auf Jahrgangsmischung wie folgt nachzeichnen lassen:

Jahrgangsmischung in der Deutschen Demokratischen Republik

Das Schulwesen in der DDR erfuhr eine Neugestaltung, die mit dem »Gesetz zur Demokratisierung der deutschen Schule« (vgl. Tenorth 2011, 53) von 1946 vorsah, »die Jugend frei von nazistischen und militaristischen Auffassungen im Geiste des friedlichen und freundschaftlichen Zusammenlebens der Völker und einer echten Demokratie zu wahrer Humanität zu erziehen« (ebd.). Eingeführt wurde eine Pflichtschule für alle Kinder in Form einer achtjährigen Grundschule, an die sich eine dreijährige Berufsausbildung oder eine vierjährige Oberschule anschloss, die wiederum zur Hochschulreife führte. Anstelle der bisherigen Gliederung des Schulwesens in unterschiedliche Schulformen wurde somit erstmals in der deutschen Bildungsgeschichte durchgängig das Prinzip der Stufengliederung angewandt (vgl. Pape 2016, 127). Das Sonderschulwesen blieb jedoch erhalten.

Mit der Neugestaltung des Schulwesens sollten die wenig gegliederten Schulen auf dem Land, in denen aufgrund der geringen Anzahl an Schülerinnen und Schülern jahrgangsübergreifend in Abteilungen unterrichtet wurde, zugunsten von mehrklassigen Schulen überwunden werden. Die Landschulen galten aufgrund ihrer Bedingungen gegenüber den Stadtschulen als besonders benachteiligt. Denn aufgrund des Mangels an Lehrkräften mussten vergleichsweise große Klassen unterrichtet werden und zumeist stand lediglich eine Lehrperson als Ansprechpartnerin bzw. -partner für alle Jahrgänge zur Verfügung. Eine weitere Benachteiligung der Landschule bestand darin, dass alle Fächer von einer Lehrperson mit häufig mangelnder Qualifikation zu unterrichten waren, den Schulen kaum Lehr- und Arbeitsmittel zur Verfügung standen und sich die Schulgebäude teilweise in desolatem Zustand befanden (vgl. Geißler 2000, 289f.). Die Reform der Landschule in der DDR war somit von großer Bedeutung für die Realisierung des gleichen Rechts auf Bildung für Kinder in der Stadt und auf dem Land (vgl. Drefenstedt & Beyer 1957, 111).

Von den über 4.000 einklassigen Landschulen im Jahr 1945 existierten zehn Jahre später nur noch 69 (vgl. ebd., 129). Diese wurden jedoch nicht sofort aufgelöst, sondern in der Regel durch die Zuweisung einer zweiten Lehrkraft zunächst in zweiklassige Schulen umgewandelt (vgl. ebd.). Damit wurde die Grundschule vielerorts zweigeteilt in die Grundstufe als »dorfeigene Heimatschule« (ebd., 130) mit den Jahrgängen 1 bis 4 und die Oberstufe mit den Jahrgängen 5 bis 8 (vgl. ebd.). Um diese Unterteilung logistisch zu ermöglichen, fand der Umbau von verfügbaren Einrichtungen zu Zentralschulen statt, indem mehrere Schulen zusammengelegt wurden, denen weitere Lehrkräfte zugewiesen wurden (vgl. ebd., 129). Somit erhielten Kinder in den unteren Jahrgängen ihre »grundlegende Schulbildung, eng angelehnt an das dörfliche Milieu« (ebd., 130) in ihrer gewohnten Umgebung und ältere Kinder besuchten (in einem benachbarten Ort) eine »vollausgebaute Zentralschule« (ebd., 132), die ihnen durch einen »modernen, gefächerten Unterricht« (ebd.) den Weg eröffnete, in weiteren Schulen gefördert zu werden, ohne den Bezug zum Heimatdorf zu verlieren.

Die wenigen noch existierenden einklassigen Heimatschulen hatten in der Regel eine sehr geringe Anzahl an Schülerinnen und Schülern. Nach wie vor unzureichend blieb insbesondere auf dem Land das Schulangebot für Kinder, »die nach den zeitgenössischen Kriterien auf den Besuch einer Sonderschule angewiesen« (Geißler 2000, 291) waren. Erst allmählich erfuhr das Sonderschulwesen eine Ausweitung, wobei die »materiellen Verhältnisse an vielen Einrichtungen wenig befriedigend« (ebd., 292) waren. Damit wird deutlich, dass trotz der propagierten Einheitsschule, mit der die gleiche Bildungschancen garantiert werden sollten, nicht von einer für alle Kinder gemeinsamen Schule die Rede sein konnte.

Eine weitere Schulreform der DDR lässt sich auf das Ende der 1950er Jahre datieren. Seit 1951 wurden den achtjährigen Grundschulen zwei weitere Jahre angegliedert, sodass sukzessive ein Umbau in eine zehnklassige allgemeine Polytechnische Oberschule (POS) als Regelpflichtschule entstand (vgl. Götz 2019, 38). Sie gliederte sich in die Unterstufe der Jahrgangsklassen 1 bis 4 und die Oberstufe der Klassen 5 bis 10. Diese Untergliederung wurde mit dem Schulgesetz von 1965 weiter ausdifferenziert in die Unterstufe (erste bis dritte Klasse), die Mittelstufe (vierte bis sechste Klasse) und die Oberstufe (siebte bis zehnte Klasse). Daran schloss sich eine erweiterte Oberstufe (EOS) an, die mit dem Abitur abgeschlossen werden konnte.[4] Für die Unterstufe wurden Lehrkräfte ausgebildet, die »unterhalb des Universitätsniveaus ein mehrjähriges Studium in den Instituten für Lehrerbildung absolvierten« (ebd., 38).

Für die Sichtweise auf jahrgangsübergreifenden Unterricht in der DDR kann resümiert werden, dass er den Ruf der Rückständigkeit hatte und daher frühzeitig zugunsten von Jahrgangsklassen abgeschafft wurde.

Jahrgangsmischung in der Bundesrepublik Deutschland

Die Entwicklung der Schule in der Bundesrepublik verlief nach dem Zweiten Weltkrieg zur Neugestaltung in der DDR eher konträr, da das dreigliedrige Schulsystem aus der Weimarer Republik mit der obligatorischen Grundschule als Teil der Volksschule wiederaufgebaut wurde (vgl. Pape 2016, 127). Auch wurde programmatisch an die Konzeption der Grundschule der Weimarer Republik angeknüpft. Die Grundschule wurde als Lebensstätte und als Schonraum des Kindes betrachtet, in dem es »behutsam unterstützt, wachsen und reifen« (Götz & Sandfuchs 2014, 40) sollte. Die Dauer der Grundschulzeit belief sich auf vier Jahre mit Ausnahme von Berlin, wo sich die Grundschuldauer auf sechs Jahre erstreckte. Großen Einfluss auf den Wiederaufbau des Volksschulwesens hatten insbesondere die Kirchen, die von politischer Seite unterstützt wurden (vgl. ebd., 128). Konfessionelle Schulen wurden wieder eingerichtet, da ihnen zugeschrieben wurde, dass »nur eine christliche Erziehung in der Einheit des Bekenntnisses von Kirche, Elternhaus und Schule die wahren sittlichen Werte vermitteln könne« (Furck 1998, 283, zit. n. Pape 2016, 128). Mit Bezug auf die Erfahrungen der »alles vereinnahmenden zentralistischen Schulpolitik im Dritten Reich« (Rodehüser 1987, 438) sollte die Entwicklung faschistischer oder kommunistischer Systeme unterbunden werden. Mit den konfessionellen Volksschulen wurde eine »starke Schulzersplitterung« befördert, die mit sich brachte, dass »oftmals zwei verschiedene, meist nicht oder nur wenig gegliederte Schulen nebeneinander bestehen« (Müller 1956, 73).

---

4 Bundeszentrale für politische Bildung (Hrsg.) (2016): Von der Krippe bis zur Hochschule – das Bildungssystem der DDR. Unter: https://www.bpb.de/gesellschaft/bildung/zukunft-bildung/230383/von-der-krippe-bis-zur-hochschule-das-bildungssystem-der-ddr (abgerufen am 20.06.2020).

So blieb die Problematik der Bildungsversorgung insbesondere auf dem Land weiterhin bestehen. Außer der schon beschriebenen fehlenden Qualifikation der Lehrkräfte und den schwierigen materiellen Bedingungen wurde das Problem des jahrgangsübergreifenden Unterrichtens darin gesehen, dass sich die Lehrperson nicht nur einem Jahrgang widmen konnte, sondern »von Jahrgang zu Jahrgang eilen« musste, während die Kinder zu viel Zeit für die Stillarbeit hatten. Diese umfasste etwa zwei Drittel der gesamten Unterrichtszeit (vgl. Bühnemann 1950). Eine individuelle Begleitung und Unterstützung für einzelne Grundschulkinder waren nur schwer zu realisieren (vgl. Götz 2017, 15).

Zur Begründung einer altersmäßigen Einteilung wurden reifungstheoretische Überlegungen herangezogen, die davon ausgehen, dass die individuelle Entwicklung nach inneren Gesetzmäßigkeiten verläuft, wie der Psychiater und Pädagoge Erich Stern (1889–1959) im Jahr 1951 formulierte: »Entwicklung ist die unter der Einwirkung äußerer Faktoren erfolgende Entwicklung der Anlagen, wobei die Entfaltung nach einer in den Anlagen selbst liegenden Gesetzmäßigkeit erfolgt und den äußeren Faktoren mehr die Bedeutung der Auslösung zukommt« (Stern 1951, 41, zit. n. Krettenauer 2014, 4). Aus dieser Perspektive könnten Umweltgegebenheiten Entwicklung(en) anstoßen, ihren Verlauf aber nicht beeinflussen (vgl. ebd.).

Auch die Theorie der kognitiven Entwicklung gewann zunehmend an Bedeutung. Nach Jean Piaget (1896–1980), dem Hauptvertreter der kognitiven Entwicklungspsychologie, schreitet die geistige Entwicklung in Stadien voran, wobei jede Phase auf der vorhergehenden aufbaut und selbst wiederum Voraussetzung für die nächsthöhere ist. So baut beispielsweise die formal-operationale Phase (im Alter ab elf Jahren), die durch den Erwerb des logischen Denkens gekennzeichnet ist, auf die konkret-operationale Phase (im Alter zwischen sieben und elf Jahren) auf. In dieser Phase beginnen die Kinder, logisches Denken in konkreten Situationen anzuwenden (vgl. Piaget & Inhelder 1972). Die einzelnen Stufen können aus Handlungen und Denkleistungen erschlossen werden (Piaget 1959/1973). Auf Grundlage dieser Annahmen zeigte sich eine Einteilung in altershomogene Klassen als eine geeignete organisatorische Praxis, die das Voranschreiten von »Entwicklungsgleichen« (Diehm 2004, 538) befördern konnte. Darüber hinaus bot die Gleichsetzung von Alter und (Lern-)Entwicklung die Möglichkeit, »die Leistungen der Schüler untereinander zu vergleichen und durch Selektion immer erneut leistungshomogene Gruppen herzustellen« (ebd.).

In den 1960er Jahren wurde die Reformbedürftigkeit der jahrgangsheterogen gegliederten Grund- und Volksschulen stärker in den Blick genommen. Unter dem Schlagwort »Die deutsche Bildungskatastrophe« (Picht 1964) wurden die Defizite des westdeutschen Schulwesens wie Bildungsungleichheiten und mangelnde Wissenschaftsorientierung herausgestellt. Die jahrgangsheterogene Landschule wurde aufgelöst zugunsten von vollausgebauten Volksschulen. Auch die »Konfession als schulorganisatorisches Gliederungsprinzip« (Götz 2019, 39) verlor an Bedeutung, sodass nun größtenteils Kinder verschiedener Bekenntnisse und in industriellen Zentren auch Kinder unterschiedlicher Herkunft (sogenannte Gastarbeiterkinder) gemeinsam dieselbe Grundschule am Wohnort besuchten (vgl. ebd.).

Die Grundschule wurde durch einen bildungspolitischen Beschluss (Hamburger Abkommen) im Jahr 1964 zur eigenständigen Schulart. Mit ihrer Eigenständigkeit als voll ausgebaute Schule gewann sie an Bedeutung. Dies betraf einerseits die Ausbildung und Stellung der Lehrkräfte sowie eigene Lehrpläne, andererseits aber auch die Funktion der Grundschule als Ausleseinstanz bzw. »den Rang einer zentralen Dirigierinstanz« (ebd., 40) für weiterführende Schulen, was bis heute der Fall ist.

Resümierend lässt sich feststellen, dass jahrgangsübergreifender Unterricht mit mangelnder Qualität verbunden bzw. als problembehaftet und weniger als Chance für das Lernen der Kinder im Sinne reformpädagogischer Begründungen betrachtet wurde. Lediglich in Einzelschulen, die auf einem reformpädagogisch geprägten Konzept beruhen wie beispielsweise die Glockseeschule, die Reformschule Kassel, die Bielefelder Laborschule oder die Jenaplan-Schule in Jena wird jahrgangsübergreifender Unterricht bereits langjährig realisiert. Diese Schulen werden aufgrund ihrer langjährigen Erfahrung und wissenschaftlichen Begleitung in Kapitel 3.4 noch näher beleuchtet (▶ Kap. 3.4).

Trotz mehrheitlicher Bildung von Jahrgangsklassen wurde jedoch auch Kritik geübt. Als prominenter Vertreter gilt Karlheinz Ingenkamp, der sich in seiner Habilitationsschrift »Zur Problematik der Jahrgangsklasse« von 1969 kritisch mit Fragen des Jahrgangsklassensystems auseinandersetzt und auf Basis empirisch abgesicherter Ergebnisse diskutiert (vgl. Ingenkamp 1969). Die Kritikpunkte besitzen nach wie vor Gültigkeit und werden im Folgenden skizziert:

- An der *Bildung von Altersjahrgängen bei der Einschulung* ist zu bemängeln, dass Lebensalter und Entwicklungsstand gleichgesetzt werden, was vor allem auf verwaltungstechnische Gesichtspunkte zurückzuführen und pädagogisch nicht begründbar ist (vgl. ebd., 30 und 281f.).
- Als problematisch wird die *Gleichsetzung von Lebensalter und psychischer Entwicklung* betrachtet. Damit wird ein synchroner Entwicklungsverlauf der Kinder angenommen, das heißt, dass alle Schülerinnen und Schüler prinzipiell »alle Lernziele in gleichem Tempo erreichen könnten« (ebd., 273).
- Bedenklich ist die Annahme, dass *ein gleichmäßiger Lernfortschritt in allen Fächern* erfolgt, was sich insbesondere im Problem des Sitzenbleibens zeigt, da das Schulsystem keine Teilwiederholung gestattet (vgl. ebd., 35).
- In diesem Zusammenhang ist die *Konzeption des gleichen Leistungsniveaus und der Vergleichbarkeit der Zensuren* kritisch zu überdenken (vgl. ebd., 36).
- Ein ebenso wichtiger Kritikpunkt bezieht sich auf die *Argumentation der »Klassengemeinschaft« bzw. den »Gemeinschaftsgeist«*, mit dem das Jahrgangsklassensystem gerechtfertigt wird und dessen Ideologisierung zu hinterfragen ist (vgl. ebd., 40).

Aus den Kritikpunkten geht hervor, dass Argumente für die Jahrgangsklasse realiter weniger pädagogisch, sondern vielmehr organisatorisch gerechtfertigt wurden.

2.6 Entwicklungen der Jahrgangsmischung bis heute

Aus heutiger Perspektive lässt sich Jahrgangsmischung auf demographische und pädagogische Begründungen zurückführen, wobei die beiden Begründungslinien nicht immer trennscharf zu unterscheiden sind. Die beiden folgenden Abschnitte geben einen Einblick in die unterschiedlichen Argumentationsweisen.

Demographisch motivierte Begründungen

Jahrgangsmischung gewann seit Mitte der 1970er Jahre in Westdeutschland wieder neu an Bedeutung, da sich ein Geburtenrückgang von um die 45 Prozent einstellte, während sich in der DDR durch familienpolitische Maßnahmen die Geburtenzahlen wieder etwas steigerten (Weishaupt 2009, 56f.). Der Rückgang an Schülerinnen und Schülern, der insbesondere in ländlichen Gebieten ins Blickfeld rückte, führte dazu, dass (wieder) kleine Grundschulen entstanden, in denen jahrgangsübergreifende Klassen gebildet wurden. Dies betraf bereits Anfang der 1970er Jahre zum Beispiel das Bundesland Niedersachsen und Anfang der 1980er Jahre Baden-Württemberg (vgl. Drews & Durdel 1998, 86). Die Möglichkeit einer wohnortnahen Beschulung zumindest in der Primarstufe sollte damit aufrechterhalten werden. Vor dem Hintergrund dieser Situation ist anzunehmen, dass didaktische Überlegungen zur spezifischen Unterrichtsgestaltung in jahrgangsübergreifenden Klassen weniger zum Tragen kamen.

Nach 1989 waren insbesondere die neuen Bundesländer von einem starken Geburtenrückgang betroffen, sodass auch hier die Existenz von kleinen, dörflichen Grundschulen gefährdet war. Die Einschulungszahlen in den neuen Bundesländern halbierten sich in den Jahren zwischen 1992 und 2002 nahezu, sodass in dieser Zeitspanne der Einschulungsstand am niedrigsten war (vgl. Götz & Krenig 2014, 93). Daher wurden beispielsweise in Brandenburg infolge des Geburtenrückgangs nach der Wende bis etwa zum Jahr 2003 ca. 22 Prozent der Grundschulen geschlossen, in Mecklenburg-Vorpommern waren es 36 Prozent (Keil, Röhner, Jeske, Godau & Padberg 2017, 208).

Derzeit ist für Deutschland festzuhalten, dass zwar laut Pressemitteilung des Statistischen Bundesamts vom 13. November 2019[5] zu Beginn des Schuljahres 2019/2020 nach vorläufigen Daten in Deutschland insgesamt 0,6 Prozent mehr Kinder eingeschult wurden als im Vorjahr. Die Einschulungen in den einzelnen Bundesländern verteilen sich jedoch regional sehr unterschiedlich. In Metropolräumen wie beispielsweise Berlin und Hamburg waren in den letzten Jahren mit jeweils 3,2 Prozent bzw. 3,4 Prozent mehr Einschulungen zu verzeichnen, wobei zu berücksichtigen ist, dass Kinder mit Migrationshintergrund in Städten wesent-

---

5 Pressemitteilung des Statistischen Bundesamts vom 13. November 2019 unter: https://www.destatis.de/DE/Presse/Pressemitteilungen/2019/11/PD19_435_211.html (abgerufen am 01.06.2020).

lich stärker vertreten sind als in ländlichen Gebieten (vgl. Jahnke & Hoffmann 2014, 9). Demgegenüber sind in einigen Bundesländern nach wie vor sinkende Einschulungszahlen festzustellen. Dabei hat Schleswig-Holstein mit einem Minus von 5 Prozent den höchsten Anteil (vgl. ebd.). So gibt es zu Beginn der 2000er Jahre 626 Grundschulen, während sich die Anzahl bis 2007/08 allmählich um 29 auf 597 Grundschulen reduziert und zwischen 2007 und 2013 um weitere 87 Grundschulen zurückgeht (vgl. ebd., 21).

Insgesamt kann für die aktuelle Situation resümiert werden, dass aufgrund der demographischen Entwicklung kleine Grundschulen auf dem Land (wieder) von der Schließung bedroht sind. Als weiteres Problem zeigt sich der große Mangel an Lehrkräften, was sich insbesondere auf ländliche Gebiete auswirkt. Die wieder notwendige Jahrgangsmischung in ländlichen Schulen wird daher sehr unterschiedlich betrachtet, wobei die Sichtweisen vom »notwendigen Übel« bis zum Engagement für die Entwicklung einer pädagogischen Konzeption reichen. Als Beispiele können kleine Schulen gelten, die mit der Jahrgangsmischung schülerorientierte Konzepte entwickeln (vgl. Raggl 2011).

Um Lehrkräfte bei der Einführung jahrgangsübergreifenden Lernens zu unterstützen, werden in einigen Bundesländern (z. B. Sachsen) Netzwerke von pädagogischen Fachkräften gebildet, um einen Austausch über Themen wie differenzierte Unterrichtsmaterialien, Leistungsbewertung, Lernen oder Elternarbeit anzuregen. Dabei zeigt sich, dass die demographisch bedingte Begründung von Jahrgangsmischung durchaus zu einer pädagogisch motivierten Konzeption führen kann, sich diese aber nicht per se einstellen muss.

Demographische Gründe für jahrgangsübergreifenden Unterricht spielen auch in weiteren europäischen und außereuropäischen Gebieten eine Rolle. Der präzise Anteil von Schulen, in denen jahrgangsübergreifend unterrichtet wird, ist kaum mit aktuellen Zahlen zu belegen, da amtliche Statistiken keine präzisen Zahlen dazu liefern. Dennoch wird deutlich, dass kleine Schulen bzw. die Jahrgangsmischung in dünn besiedelten Gegenden nach wie vor relevant sind, um Kindern Bildung zu ermöglichen. So machten jahrgangsübergreifende Schulen z. B. in Norwegen im Schuljahr 2000/01 etwa 38 Prozent aller Schulen aus und wurden von 11 Prozent der Gesamtschülerschaft besucht (vgl. Hörner 2008, 52). In den Niederlanden, in Griechenland oder im alpinen Raum ist Jahrgangsmischung insbesondere in bevölkerungsarmen Regionen zu finden (vgl. Fickermann, Weishaupt & Zedler 1998; Müller, Keller, Kerle, Raggl & Steiner 2011). In der Schweiz besucht jedes vierte Grundschulschulkind (24 Prozent) eine solche Klasse (vgl. ebd., 74) und in Vorarlberg sind etwa 40 Prozent der Volksschulen »kleine Schulen« mit weniger als 50 Schülerinnen und Schülern (vgl. Raggl, Smit & Kerle 2015, 5). Auch im anglo-amerikanischen Raum (vgl. Hargreaves, Kvalsund & Galton, 2009) wie auch in Australien (Ronksley-Pavia et al. 2019) zeigen sich ähnliche Begründungen für Jahrgangsmischung, die demographisch motiviert sind und häufig unter dem Stichwort »rural schools« behandelt werden, obwohl auch dieser Begriff der »ländlichen Schulen« eine große Spannweite an Deutungen in statistischer, kultureller oder geographischer Hinsicht zulässt (vgl. Hargreaves et al. 2009, 82). Demographische Gegebenheiten allein stellen lediglich organisatorische Begründungen für jahrgangsübergreifendes Lernen dar.

Die wesentlichen Begründungen sind jedoch aus pädagogisch motivierter Perspektive zu betrachten, die im folgenden Abschnitt dargestellt werden.

Pädagogische Begründungen jahrgangsübergreifenden Unterrichts

Die pädagogischen Begründungen für jahrgangsübergreifenden Unterricht greifen – wie schon erwähnt – reformpädagogische Argumente auf, erweitern diese bzw. schließen auch Ergebnisse der Entwicklungspsychologie und der sozialwissenschaftlichen Kindheitsforschung ein. Daher geht die pädagogische Begründung weit darüber hinaus, Jahrgangsmischung als eine Organisationsform von Unterricht zu betrachten. Stattdessen nimmt sie Argumente wie die Entfaltung des Kindes mit seinen Lebensbedingungen in den Blick, verbunden mit einer großen Heterogenität der Schülerinnen und Schüler, die sich in deren unterschiedlichsten Bedingungen des Aufwachsens zeigt. Obwohl davon ausgegangen wird, dass Heterogenität auch in jahrgangshomogenen Klassen in hohem Ausmaß zum Tragen kommt, wird pädagogisch für eine bewusste Erhöhung der Heterogenität in jahrgangsübergreifenden Klassen argumentiert. Diese zunächst befremdlich erscheinende Begründung untermauert die in Ingenkamps Untersuchung erarbeitete These, dass die Gleichsetzung von Altershomogenität und Entwicklungshomogenität empirisch nicht mehr haltbar ist (vgl. Ingenkamp 1969, 32–36) und somit Lernprozesse über Altersgrenzen hinweg vollzogen werden können.

So können sich Kinder unterschiedlichen Jahrgangs in einer Lerngruppe mit unterschiedlichem Vorwissen und verschiedenen Erfahrungen und Kenntnissen einbringen. Diese Argumentation führt mit Blick auf die heterogenen Aufwachsensbedingungen zur Möglichkeit der sozialen Verständigung zwischen Kindern, die weiter auseinanderliegende Erfahrungswelten haben (vgl. Laging 2003, 22).

Jahrgangsmischung wird als Modell in Betracht gezogen, »das der Erziehung zu toleranten, demokratischen und kooperationsfähigen Menschen mit hohen Sozialkompetenzen gerechter wird als Jahrgangsklassen« (Demmer-Diekmann 2005, 29). Dennoch ist jahrgangsübergreifender Unterricht in diesem Sinne nicht als Selbstläufer zu verstehen, sondern als Rahmen für einen pädagogisch anspruchsvoll zu gestaltenden Unterricht (vgl. ebd., 30).

Während die reformpädagogischen Sichtweisen (z. B. Montessori und Petersen) darauf abheben, dass die Älteren die Jüngeren unterstützen, wird aus heutiger Sicht Jahrgangsmischung als eine schulische Organisationsform betrachtet, in der trotz bestehender Alters- und Kompetenzunterschiede ein *gleichberechtigtes Agieren aller Mitglieder* einer Lerngruppe gesichert werden soll (vgl. Götz & Krenig 2014, 94). So werden beispielsweise Interaktionen, in denen Jüngere zum Erkenntnisgewinn der Älteren beitragen bzw. Ältere von jüngeren Kindern Unterstützung erfahren ebenso in Betracht gezogen wie der umgekehrte Fall.

Mit Bezug auf die Realisierung von Jahrgangsmischung werden für jahrgangsübergreifende Klassen in Anlehnung an (reform-)pädagogische Konzepte und mit Blick auf heutige Lebensbedingungen, Alltagserfahrungen und Sozialbeziehungen von Kindern aus pädagogischer Perspektive Argumente auf folgenden Ebenen konkretisiert (vgl. Kucharz & Wagener 2007; Wagener 2014):

1. Ebene der Schülerinnen und Schüler:
   - Schülerinnen und Schüler haben vielfältige Möglichkeiten, miteinander zu kooperieren, indem sich ältere und jüngere Kinder *gegenseitig* unterstützen.
   - Schülerinnen und Schüler erkennen ihren eigenen Lernfortschritt, weil sie ihr Wissen weitergeben können und dieses gleichzeitig festigen, indem sie anderen Kindern Sachverhalte erklären und neue Kenntnisse wiederholen.
   - Auch leistungsschwächere Schülerinnen und Schüler haben die Möglichkeit, beispielsweise Schulanfängerinnen und -anfänger zu unterstützen. Sie werden als Hilfeleistende ernst genommen und ihr Selbstbewusstsein wird dadurch gestärkt.
   - Das Zuschauen bei Älteren bewirkt Neugier auf zukünftige Themen.
   - Durch Vorbilder und Nachahmung kann gelernt werden.
   - Durch verschiedene Lernangebote bekommen die Schülerinnen und Schüler unterschiedliche Lernanreize, die ihrer Entwicklung und Lernfähigkeit entsprechen.
   - Jedes Kind wechselt seine soziale Position innerhalb der Lerngruppe, weil es sowohl zu den Jüngsten als auch später zu den ältesten Kindern gehört, sodass unterschiedliche Blickwinkel eingenommen werden können.
   - Stigmatisierungen durch Sitzenbleiben, aber auch feste Rollenstrukturen (z. B. »Versager«, »Klassenclown«, »Außenseiter«) können vermieden werden, weil sich jedes Jahr ein Teil der Lerngruppe verändert.
   - Schulanfängerinnen und -anfänger bekommen viel Aufmerksamkeit, da sie sowohl von älteren Kindern Zuwendung bekommen als auch von der Lehrperson Aufmerksamkeit erhalten. Sie wachsen in eine bereits bestehende soziale Struktur hinein, die Sicherheit bieten kann.
   - Schülerinnen und Schüler verlieren ihre Ängste vor älteren und größeren Kindern, weil sie das Lernen mit Kindern unterschiedlichen Alters als selbstverständlich erfahren.
2. Ebene der Lehrkräfte:
   - Die Lehrperson wird im Unterricht bei ihrer Aufgabe als Ansprechpartnerin bzw. -partner entlastet, weil auch schulerfahrenere Kinder als solche zur Verfügung stehen. Diesen Freiraum können Lehrkräfte wiederum nutzen, einzelne Kinder zu beobachten und zu unterstützen.
   - Die pädagogischen Herausforderungen und zusätzlichen Belastungen bei der Einführung der jahrgangsübergreifenden Eingangsstufe lassen sich am besten im Team bewältigen, sodass durch das Aufgeben des »Einzelkämpfertums« das Leben und Arbeiten in der Schule von Grund auf verändert wird.
   - Die Rolle der Lehrkräfte verändert sich von der eher »belehrenden« Person hin zur Lernbegleiterin bzw. zum Lernbegleiter der Schülerinnen und Schüler.

Durch die pädagogischen Begründungen wird deutlich, dass mit dem jahrgangsübergreifenden Unterricht vielfältige und positiv konnotierte Erwartungen einhergehen. Inwiefern sich diese Hoffnungen in der Praxis tatsächlich alle erfüllen, ist derzeit noch nicht besonders umfänglich erforscht. Exemplarisch wird im fünften Kapitel eine Unterrichtssequenz aus einem Forschungsprojekt näher erläutert, in dem zwei Schülerinnen beim Bearbeiten in jahrgangsübergreifenden Lerntandems beobachtet wurden (▶ Kap. 5).

Was die Realisierung von jahrgangsübergreifendem Unterricht betrifft, so hat insbesondere die Neugestaltung der Schuleingangsphase, die von der Kultusministerkonferenz (KMK 1997) empfohlen wurde, zu einer intensiven Auseinandersetzung mit der Flexibilisierung der Lernzeit am Schulanfang geführt. In den einzelnen Bundesländern hatte dies unterschiedliche Konsequenzen und war zum Teil mit verschiedenen Erprobungen und der Einrichtung von jahrgangsübergreifenden Klassen verbunden.

2.7 Zwischenfazit

Mit den Ausführungen in diesem Kapitel sollte nachvollziehbar werden, welchem Wandel der jahrgangsübergreifende Unterricht im gesellschaftlichen, bildungspolitischen und pädagogischen Kontext unterworfen war und immer noch ist. Im Zusammenhang mit Ressourcenmangel (fehlende qualifizierte Lehrkräfte und unzureichende Unterrichtsmaterialien) wurde Jahrgangsmischung insbesondere auf dem Land als rückständig betrachtet oder gar für nationalsozialistische Erziehungsziele umfunktioniert. Demgegenüber wird Jahrgangsmischung aus (reform-)pädagogisch orientierter Perspektive als ein schulisches Konzept betrachtet, das pädagogisch begründet der Heterogenität von Grundschulkindern gerecht werden kann bzw. über reformpädagogische Bezüge hinaus ein Modell sein kann, »das der Erziehung zu toleranten, demokratischen und kooperationsfähigen Menschen mit hohen Sozialkompetenzen gerechter wird als Jahrgangsklassen« (Demmer-Dieckmann 2005, 30).

3 Ausgestaltung und Begründung von Jahrgangsmischung in den Bundesländern

Im folgenden Kapitel werden unterschiedliche Perspektiven auf die Begründung und Realisierung jahrgangsübergreifenden Unterrichts eingenommen. Zunächst wird Jahrgangsmischung im Zusammenhang mit der Neugestaltung der Schuleingangsphase betrachtet, die als Meilenstein der Wiedereinführung jahrgangsübergreifenden Unterrichts gekennzeichnet werden kann (▶ Kap. 3.1). Im Anschluss werden Realisierungsformen in den einzelnen Bundesländern auf Basis ihrer Verordnungen skizziert (▶ Kap. 3.2). Bei der Betrachtung von Jahrgangsmischung über die Schuleingangsphase hinaus finden sich Verknüpfungen mit dem Elementarbereich, die in verschiedenen Modellprojekten erprobt wurden (▶ Kap. 3.3). Auch über die Schuleingangsphase hinaus wird Jahrgangsmischung praktiziert. Exemplarisch werden Reformschulen in den Blick genommen, die über langjährige Erfahrungen mit pädagogisch begründeter Jahrgangsmischung verfügen (▶ Kap. 3.4). Das Kapitel wird mit einem kurzen Zwischenfazit abgeschlossen (▶ Kap. 3.5).

3.1 Jahrgangsmischung im Kontext der Schuleingangsphase

Mit der Neugestaltung der Schuleingangsphase wird deren Flexibilisierung angestrebt, indem sie über die Zeit von einem Jahr bis zu drei Jahren durchlaufen werden kann und die erste und zweite Klasse als Einheit betrachtet werden. Zudem sollen alle Kinder, die zu einem bestimmten Zeitpunkt schulpflichtig werden, in die Grundschule aufgenommen werden. Die Neugestaltung bzw. Flexibilisierung der Schuleingangsphase intendiert

a) *aus bildungspolitischer Sicht*, die vergleichsweise hohe Zurückstellungsquote auf Ausnahmen zu beschränken und Eltern zum vorzeitigen Einschulen ihres Kindes zu ermutigen. Mehr Kinder eines Jahrgangs sollen im jeweiligen Jahr in die Schule kommen, um das im internationalen Vergleich hohe durchschnittliche Einschulungsalter der Kinder in Deutschland zu senken (vgl. Faust 2006, 333);
b) *aus schulorganisatorischer Perspektive*, dass die Entscheidungen über die Schulfähigkeit nicht mehr einseitig auf das Kind ausgerichtet werden, sondern nach dem ökopsychologischen Modell von Horst Nickel (1988) als eine gemeinsa-

me Entwicklungsaufgabe aller Beteiligten verstanden werden. Das heißt, dass sich die pädagogischen Konzepte der Grundschule auf die individuell unterschiedlichen Lernvoraussetzungen ausrichten sollen. Damit verbunden ist, eine frühe Selektion bereits am Schulanfang zu verhindern und die unterschiedlichen Voraussetzungen der Schülerinnen und Schüler zu berücksichtigen. Alle Kinder, die zu einem bestimmten Zeitpunkt schulpflichtig werden, sollen in die Grundschule aufgenommen werden, was pädagogisch-didaktische Konsequenzen zur Folge hat;

c) *aus pädagogisch-didaktischer Perspektive,* die durch die Jahrgangsmischung erhöhte Heterogenität der Lernenden zu berücksichtigen und den Anfangsunterricht entsprechend der Lernvoraussetzungen und -bedürfnisse der Schülerinnen und Schüler zu gestalten (vgl. ebd., 331). Gefordert sind ein differenzierter und individualisierter Unterricht sowie eine Abkehr von einem gleichschrittig gestalteten Unterricht.

Erprobt wurde die Neugestaltung der Schuleingangsphase bereits seit 1992 in allen Bundesländern außer dem Saarland. Einige Bundesländer führten Schulversuche durch, die mit oder ohne wissenschaftliche Begleitung stattfanden. Die wissenschaftliche Begleitung in den einzelnen Schulen war weniger auf eine quantitative wissenschaftliche Evaluation ausgerichtet, als vielmehr auf die Unterstützung von Schulentwicklungsprozessen durch Begleitung und Beratung sowie deren Dokumentation (vgl. ebd., 338).

Auch die Realisierung des Schulanfangs fand in einer recht großen Vielfalt statt, was schon allein die unterschiedlichen Bezeichnungen (flexible Schulanfangsphase, Schuleingangsstufe, veränderte Schuleingangsphase), Modelle, Pilotprojekte und Schulversuche verdeutlichen. Hierzu können exemplarisch der Schulversuch »Schulanfang auf neuen Wegen« (▶ Kap. 3.2, ▶ Kap. 4.3), das Projekt »Bildungshaus 3–10« (beide Baden-Württemberg, ▶ Kap. 3.3), »FleGS – Flexible Grundschule« (Bayern, ▶ Kap. 4.3), »JüLiSa – Jahrgangsübergreifendes Lernen in der Schulanfangsphase« (Berlin, ▶ Kap. 3.2, ▶ Kap. 3.3) oder »FLEX – Flexible Schuleingangsphase« (Brandenburg, ▶ Kap. 3.2, ▶ Kap. 4.3) genannt werden. Auch in der deutschsprachigen Schweiz werden seit 2004 verschiedene Modelle erprobt wie die *flexible Grundstufe,* in der die zwei Kindergartenjahre eine Einheit mit dem ersten Primarschuljahr bilden sowie die *Basisstufe,* die zwei Kindergartenjahre und die ersten zwei Jahre der Primarschule umfasst. In dieser Kombination werden vier- bis achtjährige Kinder gemeinsam unterrichtet (vgl. Heyer-Oeschger 2004).

3.2 Gesetzliche Bedingungen zur Erprobung und Realisierung der Schuleingangsphase

Die Möglichkeit der Realisierung von *Jahrgangsmischung* wird in den Schulgesetzen der einzelnen Bundesländer mehr oder weniger explizit geregelt. Auffallend ist, dass verlässliche Angaben teilweise nur schwer zu finden sind bzw. kaum präzise Aussagen gemacht werden (vgl. auch Martschinke & Kammermeyer 2018, 44). Insgesamt ist festzuhalten, dass mehrheitlich die erste und zweite Jahrgangsstufe als pädagogische Einheit gefasst werden und Jahrgangsmischung unter bestimmten Voraussetzungen möglich ist. Die Möglichkeiten der Erprobung und Verordnungen zur Realisierung der Jahrgangsmischung in den einzelnen Bundesländern werden im Folgenden präzisiert.

In *Baden-Württemberg* wurden bereits zwischen 1997 und 2000 im Projekt »Schulanfang auf neuen Wegen« verschiedene Einschulungsmodelle erprobt und in ihrer Wirkung untersucht (vgl. Arbeitskreis wissenschaftliche Begleitung 2006). Unterschieden werden verschiedene Modelle, die eine variable Verweildauer in der Schuleingangsstufe von ein bis drei Jahren zulassen sowie eine Flexibilisierung der Einschulung durch einen zweiten Einschulungstermin. Damit soll der individuellen Lernentwicklung der Kinder in besonderem Maße Rechnung getragen werden. In der Evaluation (Abschlussbericht) werden positive Leistungsergebnisse, eine hohe Akzeptanz des jahrgangsübergreifenden Unterrichts bei den Lehrkräften und die Motivation, den eigenen Unterricht weiterzuentwickeln, sichtbar. Obwohl die Schuleingangsstufe jahrgangsübergreifend organisiert werden kann, werden im Schulgesetz Baden-Württembergs dazu keine Angaben gemacht. Die vom Kultusministerium Baden-Württemberg (o. J.) herausgegebene Informationsschrift »Jahrgangsübergreifendes Lernen«[6] veranschaulicht Praxisbeispiele und informiert über pädagogische Begründungen zur Jahrgangsmischung.

In *Bayern* gibt es seit 2010/11 den Schulversuch *Flexible Grundschule*, der vom Staatsinstitut für Schulqualität und Bildungsforschung begleitet wurde. Von Beginn an nahmen 20 Grundschulen, die sogenannten Stammschulen, am Projekt teil. Bis zum Schuljahr 2013/14 wurde das Modell auf weitere 69 Schulen, die sogenannten Satellitenschulen, ausgeweitet. Somit stand die *Flexible Grundschule* in jedem Schulamtsbezirk zur Verfügung. Eine der Aufgaben des Schulversuchs war es, didaktische Konzepte zur individuellen Förderung der Schülerinnen und Schüler zu erarbeiten und in der Praxis umzusetzen. Weiterhin wurden Möglichkeiten der individuellen Lernstandsdiagnostik und differenzierte Formen der Lernstands- und Leistungserhebung erprobt. Im Schuljahr 2018/19 gab es einen Zuwachs von 26 weiteren Grundschulen, die die flexible Eingangsstufe einführ-

---

6 Ministerium für Kultus, Jugend und Sport Baden-Württemberg (o. J.). Jahrgangsübergreifendes Lernen in der Grundschule, unter: https://www.km-bw.de/site/pbs-bw2/get/documents/KULTUS.Dachmandant/KULTUS/kultusportal-bw/zzz_pdf/SANW-KM-ebook-ohne-bild-compressed-1.pdf (abgerufen am 01.05.2020).

ten. Der Grundschulordnung für Bayern (§ 7 Absatz 2) ist zu entnehmen, dass die Entscheidung für eine jahrgangsgemischte Eingangsstufe optional ist.[7]

In *Berlin* wurde während der Schuljahre 2001/02 und 2003/04 das Projekt JüLiSa (Jahrgangsübergreifendes Lernen in der Schulanfangsphase) durchgeführt, eine vom Berliner Senat für Schule, Jugend und Sport Berlin beauftragten Studie. Hierfür wurden Daten in Form von Beobachtungsprotokollen, Interviews und wenigen Schulleistungstests erhoben. Von Interesse waren die Praxis jahrgangsübergreifenden Unterrichts, die Interaktionen zwischen den Schülerinnen und Schülern gleichen und unterschiedlichen Alters und ihre Leistungsförderung. Während die Ergebnisse der Schulleistungstests keine markanten Leistungssteigerungen sichtbar machten, zeigte sich, dass zahlreiche Kontakte der Schülerinnen und Schüler über die Jahrgangsgrenzen hinweg bestehen und unterstützendes Helfen (vor allem den jüngeren Kindern gegenüber) eine Selbstverständlichkeit ist, ohne dass sich die damit verbundene Asymmetrie zwischen den Kindern als problematisch zeigte. Zudem äußerten die befragten Lehrkräfte in den Interviews ihre Zufriedenheit mit dem Konzept der Jahrgangsmischung (vgl. Kucharz & Wagener 2007). In der Schulanfangsphase (Saph) in Berlin werden in der Regel die Jahrgangsstufen 1 und 2 gemischt (Schulgesetz für das Land Berlin, § 20 Absatz 1, 2004), doch ist aufgrund der sechsjährigen Grundschuldauer auch eine Mischung von drei Jahrgängen häufig anzutreffen. Jahrgangsstufenübergreifender Unterricht ist laut Grundschulverordnung (§ 7 Absatz 2) erwünscht, aber auch jahrgangshomogener Unterricht ist möglich.[8]

Brandenburg hat den Schulversuch FLEX (Flexible Eingangsphase im Land Brandenburg) zunächst mit einem Pilotprojekt 1992 an zwei Schulen begonnen und von 2001 bis 2004 in 20 Schulen wissenschaftlich begleitet. Aus den Befunden zu den Schulleistungen geht hervor, dass die Schülerinnen und Schüler aus den FLEX-Klassen im Leseverständnis und in Mathematik bessere Werte aufwiesen als Kinder in Jahrgangsklassen. Im Bereich der sozial-emotionalen Entwicklung wurden ebenfalls positive Effekte bei Kindern aus FLEX-Klassen bezogen auf das schulische Wohlbefinden, die Lernfreude und die Anstrengungsbereitschaft festgestellt (vgl. Liebers 2008, 233ff.). Die mittels Fragebogen befragten Lehrkräfte äußerten sich dem jahrgangsübergreifenden Unterricht gegenüber überwiegend positiv, insbesondere in Bezug auf das soziale Lernen der Kinder (vgl. ebd., 289). Die Einrichtung einer flexiblen Schuleingangsphase ist in Brandenburg optional und bedarf der Genehmigung des staatlichen Schulamts (Brandenburgisches Schulgesetz, § 19 Absatz 4).[9]

---

[7] Schulordnung für die Grundschulen in Bayern (Grundschulordnung – GrSO) von September 2008, GVBl. S. 684, BayRS 2232-2-K, unter: https://www.gesetze-bayern.de/Content/Document/BayVSO/true (abgerufen am 02.06.2020).

[8] Verordnung über den Bildungsgang der Grundschule (Grundschulverordnung – GsVO) von Januar 2005, unter: https://www.schulgesetz-berlin.de/berlin/grundschulverordnung/teil-iii-unterrichtsgestaltung-und-organisation/sect-7-gliederung-und-grundsaetze.php (abgerufen am 30.04.2021).

[9] Gesetz über die Schulen im Land Brandenburg (Brandenburgisches Schulgesetz – BbgSchulG), unter: https://bravors.brandenburg.de/gesetze/bbgschulg#19 (abgerufen am 02.06.2020).

In *Bremen* hat die »Schule am Pfälzer Weg« mit Beginn des Schuljahres 1993/94 die jahrgangsübergreifende Schuleingangsstufe aufgebaut. Von 1994 bis 1999 wurde dieses Organisationsmodell über die Bremer Schulbegleitforschung wissenschaftlich begleitet und evaluiert. Als besondere Entwicklungselemente sind der Übergang vom Elementarbereich in den Primarbereich, individualisiertes und projektorientiertes Lernen, der integrierte Schulanfang ohne Aussonderung von Kindern sowie die Dokumentation der Lernstände zu betrachten (vgl. Hirschfeld, Kremin, Lassek, Rüppell & Landesinstitut für Schule 1999, 8). Aktuell kann der Unterricht in Bremen laut Schulgesetz jahrgangsstufenübergreifend, aber auch in Jahrgangsklassen erteilt werden. In der Verordnung über die Organisation des Bildungsgangs der Grundschule (Grundschulverordnung) im Land Bremen wird in § 4 Absatz 2 ausgeführt, dass jahrgangsübergreifende Strukturen in den Jahrgangsstufen 1 und 2 anzustreben sind.[10]

*Hamburg*s Bildungsplan für Grundschulen von 2018 informiert im Allgemeinen Teil darüber, dass in der Grundschule jahrgangsübergreifend unterrichtet werden kann. »Jahrgangsübergreifende Lerngruppen können aus mehreren Jahrgängen zusammengesetzt sein. Eine jahrgangsübergreifende Eingangsstufe kann die Jahrgangsstufen 1 und 2 umfassen, aber auch eine Vorschulklasse« (Bildungsplan Hamburg 2018, 4).[11] Zu durchgeführten Schulversuchen liegen keine Berichte vor (vgl. Faust 2006, 336). Interessanterweise stellt die Elternkammer Hamburgs auf ihrer Homepage mit einem Beitrag zur flexiblen Eingangsstufe vom 21. August 2018 in Aussicht, zu erörtern, ob »in einem eng begleiteten und evaluierten Schulversuch, die Chancen, die für Hamburger Schülerinnen und Schüler in diesem Konzept liegen können, genutzt werden.«[12]

In *Hessen* wurde ein Schulversuch zur Neuen Schuleingangsstufe (1998–2004) durchgeführt, bei dem die Verweildauer flexibilisiert wurde und ein Jahr bis drei Jahre betragen kann. Auf diese Weise sollten sowohl schwache als auch besonders leistungsstarke Kinder individuell bestmöglich gefördert werden. Die zwei jährlichen Einschulungstermine scheinen »der Heterogenität der Schulanfänger besonders gerecht zu werden« (Faust 2006, 336). Der »Flexible Schulanfang« wird dem Schulgesetz entsprechend als pädagogische Einheit der Klassenstufen 1 und 2 (Hessisches Schulgesetz, § 20, Flexibler Schulanfang) betrachtet. Hierfür ist eine pädagogische Konzeption erforderlich, die gemeinsam mit dem Kollegium entwickelt wird und Angaben zur konkreten Umsetzung des durch Lehrplan und Stundentafel gesetzten Rahmens und zum Konzept zur Förderung der Schülerinnen und Schüler enthalten muss (vgl. ebd.). In der Konzeption kann vorgesehen werden, Kinder jeweils auch zum 1. Februar aufzunehmen. Das An-

---

10 Verordnung über die Organisation des Bildungsgangs der Grundschule (Grundschulverordnung im Land Bremen) von August 2012, unter: https://www.transparenz.bremen.de/sixcms/detail.php?gsid=bremen2014_tp.c.67033.de&asl=bremen203_tpgesetz.c.55340.de&template=20_gp_ifg_meta_detail_d (abgerufen am 05.06.2020).
11 Bildungsplan Grundschule der Freien Hansestadt Hamburg von 2018, unter: https://www.hamburg.de/bildungsplaene/2460202/start-grundschule/ (abgerufen am 23.09.2020).
12 Elternkammer Hamburg, Beitrag zur flexiblen Eingangsphase vom 21.08.2018, unter: https://elternkammer-hamburg.de/2018/08/21/flexible-schuleingangsphase-fuer-hamburgs-grundschulen/ (abgerufen am 05.06.2020).

gebot eines flexiblen Schulanfanges darf nur eingerichtet werden, wenn die personellen, sächlichen und räumlichen Voraussetzungen gegeben sind.[13]

In *Mecklenburg-Vorpommern* werden die Jahrgangsstufen 1 und 2 laut Schulgesetz § 13 Absatz 2 von 2019 als Schuleingangsphase geführt, die von Schülerinnen und Schülern in einem Zeitraum von einem Schuljahr bis zu drei Schuljahren besucht werden kann. Der Unterricht kann in der vierjährigen Grundschule in allen Jahrgangsstufen in jahrgangsübergreifenden Lerngruppen erteilt werden, wenn die Schulkonferenz im Einvernehmen mit dem Schulträger zustimmt (vgl. Absatz 6). Diese Regelung scheint insbesondere für die »Kleine Grundschule auf dem Lande« zu gelten, wie dem Bildungsserver von Mecklenburg-Vorpommern zu entnehmen ist.[14] Zum Programm »Kleine Grundschule«, das bereits in den Jahren 1997 bis 1998 bestand, wurde Unterricht beobachtet, der jedoch überwiegend in jahrgangsgebundener Form gestaltet wurde (Mett & Schmidt 2002, 151). Weitere Schulversuche wurden diesbezüglich nicht durchgeführt. Seither gab es auch keine weiteren wissenschaftlichen Begleitungen von Schulversuchen.

In *Niedersachsen* wurde ein Modellversuch zur »Neustrukturierung des Schulanfangs« von 1994/95 bis 2002 beginnend mit zehn Schulen und endend mit neun Schulen durchgeführt, der darauf ausgerichtet war, »stützende Bedingungen für die Gestaltung des Schulanfangs im Sinne einer Flexiblen und integrativen Eingangsstufe« (Carle & Berthold 2004, 1) herauszuarbeiten. Die Autorinnen stellen fest, dass »das harmonische Zusammenspiel« (ebd., 5) zwischen veränderten Rahmenbedingungen (Strukturen) und neuen pädagogisch-didaktischen Ansätzen entscheidend ist. Eine jahrgangsübergreifende Schuleingangsstufe betrachten sie als Voraussetzung dafür, dass »Kinder mit unterschiedlichen Geschwindigkeiten ohne Zurückstellung oder Springen die Eingangsstufe durchlaufen können« (ebd., 7). Das niedersächsische Schulgesetz[15] (§ 6 Absatz 4) besagt, dass die Klassen 1 und 2 als pädagogische Einheit mit jahrgangsübergreifenden Lerngruppen (»Eingangsstufe«) geführt werden können und diese Schulen grundsätzlich auf die Möglichkeit der Zurückstellung vom Schulbesuch verzichten. Als pädagogische Einheit kann auch der dritte und vierte Schuljahrgang gefasst werden.

Nordrhein-Westfalen führte im Rahmen des Programms der Bund-Länder-Kommission (BLK) zur »Qualitätsverbesserung in Schulen und Schulsystemen« (QuiSS) einen Modellversuch zur »Förderung innovativer Lernkultur in der Schuleingangsphase« (FiLiS) durch. Dieser fand von 1999 bis 2004 an sieben Pilotschulen statt. Zur Umsetzung des Schulversuchs liegen ausführliche Erfahrungs-

---

13 Hessisches Schulgesetzt von 2018, unter: https://kultusministerium.hessen.de/sites/default/files/media/hkm/lesefassung_schulgesetz_mit_inhaltsverzeichnis_zweispaltig_stand_30.05.2018.pdf (abgerufen am 05.06.2020).
14 Schulgesetz für das Land Mecklenburg-Vorpommern (Schulgesetz – SchulG M-V) von September 2010/2019, unter: https://www.bildung-mv.de/export/sites/bildungsserver/downloads/schulrecht/Lesefassung_Sechstes-Gesetz-zur-Aenderung-des-Schulgesetzes.pdf (abgerufen am 06.06.2020).
15 Niedersächsisches Schulgesetz (NSchG) von März 1998, unter: http://www.nds-voris.de/jportal/portal/t/x54/page/bsvorisprod.psml/action/portlets.jw.MainAction?p1=9&eventSubmit_doNavigate=searchInSubtreeTOC&showdoccase=1&doc.hl=0&doc.id=jlr-SchulGNDV7P7&doc.part=S&toc.poskey=#focuspoint (abgerufen am 30.04.2021).

3.2 Gesetzliche Bedingungen zur Erprobung und Realisierung der Schuleingangsphase

berichte vor. Die Begleitforschung fokussierte jedoch weniger auf empirisch fundierte Aussagen über die Bedeutsamkeit von pädagogisch-didaktischen und organisatorischen Bedingungen für die Lernprozesse von Kindern als vielmehr auf den Netzwerkaufbau der beteiligten Schulen (vgl. Faust 2006, 9). Laut Schulgesetz von Nordrhein-Westfalen (§ 11 Grundschule Absatz 2)[16] werden die Klassen 1 und 2 als Schuleingangsphase geführt und nach Entscheidung der Schulkonferenz entweder getrennt nach Jahrgängen oder in jahrgangsübergreifenden Gruppen unterrichtet, sofern nicht aufgrund der Vorschriften für die Klassengrößen nur jahrgangsübergreifende Gruppen gebildet werden können. Auch die Klassen 3 und 4 können in Jahrgangsklassen oder durch Beschluss der Schulkonferenz auf der Grundlage eines pädagogischen Konzeptes mit der Schuleingangsphase verbunden und jahrgangsübergreifend organisiert werden (vgl. Absatz 3). Jahrgangsübergreifender Unterricht kann auch die Klassen 1 bis 4 umfassen (vgl. Absatz 4). Hier zeigt sich eine vergleichsweise große Variationsbreite an Gestaltungsmöglichkeiten für die Schuleingangsphase und darüber hinaus.

In *Rheinland-Pfalz* wurden in Bezug auf die Schuleingangsphase keine Schulversuche durchgeführt. Auch eine jahrgangsübergreifende Eingangsstufe ist nicht vorgesehen. Kammermeyer und Martschinke zufolge gibt es mit Blick auf die Schuleingangsphase »auch keine Anzeichen, dass sich aktuell hier ein Entwicklungsschwerpunkt von Grundschule abzeichnet« (2018, 46). So wird im Schulgesetz von 2008 in § 45 im ersten Absatz formuliert: »In der Grundschule steigen die Schülerinnen und Schüler grundsätzlich im Klassenverband in die nächste Klassenstufe auf. Die Klassenstufen 1 und 2 bilden dabei eine pädagogische Einheit (Eingangsstufe).«[17] In der Verwaltungsvorschrift des Ministeriums für Bildung, Wissenschaft, Weiterbildung von 2014 wird jedoch unter Punkt 1.4 darauf verwiesen, dass kombinierte Klassen dann zu bilden sind, wenn in den ersten beiden Klassenstufen die Zahl von zusammen 23 Schülerinnen und Schülern nicht überschritten wird.[18] Das Bilden jahrgangsübergreifender Klassen wird somit mit demographischen Gegebenheiten begründet.

Das *Saarland* kann keine Schulversuche zur Schuleingangsphase vorweisen. Laut Schulordnungsgesetz von 2014 (§ 3a Absatz 1) bilden die Klassen 1 und 2 als Schuleingangsphase eine pädagogische Einheit, die in einem Zeitraum von ein bis drei Schuljahren durchlaufen wird. Der Unterricht kann jahrgangsübergreifend durchgeführt werden.[19] Auf dem Bildungsserver des Saarlandes lässt sich unter der Rubrik »Grundschule« die Aussage finden, dass der Unterricht ge-

---

16 Schulgesetz für das Land Nordrhein-Westfalen (Schulgesetz NRW – SchulG) von Februar 2005/2020, unter: https://bass.schul-welt.de/6043.htm#1-1p11 (abgerufen am 06.06.2020).
17 Rheinland-Pfalz, Schulgesetz (SchulG) von Oktober 2008, unter: http://landesrecht.rlp.de/jportal/portal/t/s62/page/bsrlpprod.psml?showdoccase=1&doc.id=jlr-GrSchulORP2008rahmen&doc.part=X (abgerufen am 30.04.2021).
18 Verwaltungsvorschrift des Ministeriums für Bildung, Wissenschaft, Weiterbildung und Kultur von April 2014 unter: http://landesrecht.rlp.de/jportal/?quelle=jlink&docid=VVRP-VVRP000003217&psml=bsrlpprod.psml#ivz1 (abgerufen am 30.04.2021)
19 Schulordnungsgesetz Saarland, unter: https://recht.saarland.de/bssl/document/jlr-SchulOGSLpG1 (abgerufen am 04.11.2021).

kennzeichnet ist »durch individualisierten und differenzierenden Unterricht in allen Fächern, in vielen Fällen auch fächerübergreifend.«[20] Allerdings wird der Jahrgangsmischung offensichtlich weniger Bedeutung beigemessen, da ihr lediglich zugesprochen wird, »eine optimale Ergänzung« (ebd.) zu sein.

In *Sachsen* gab es von 2001 bis 2004 das Projekt »Optimierte Schuleingangsphase«, an dem sich 20 Schulen beteiligten. Das Ziel bestand darin, neue Erfahrungen zur Neugestaltung des Anfangsunterrichts sammeln zu können. Eine wissenschaftliche Begleitung war nicht vorgesehen (vgl. Faust 2006, 336). Auf der Basis des Projekts wurde vor allem die Zeit vor dem Schuleintritt verbessert, indem das letzte Kindergartenjahr als Schulvorbereitungsjahr konzipiert wurde, das mit der Schuleingangsphase verzahnt werden soll.[21] Die Schuleingangsphase mit den Klassen 1 und 2 wird laut Schulgesetz als pädagogische Einheit betrachtet, der Unterricht jedoch in der Regel getrennt nach Klassenstufen erteilt. Jahrgangsübergreifender Unterricht ist nur zulässig, wenn ein entsprechendes pädagogisches Konzept und qualifiziertes Lehrpersonal vorhanden sind.[22] Jahrgangsgemischter Unterricht wird derzeit fast ausschließlich in ländlichen Grundschulen praktiziert, die von der Schließung bedroht sind.

In *Sachsen-Anhalt* wurde ein Modellversuch an einer Einzelschule mit Fokus auf die Altersmischung und veränderte Formen des Schriftspracherwerbs im Anfangsunterricht durchgeführt und dokumentiert (Stuchlik 2000). Obwohl die Dokumentation in der Fachliteratur (z. B. in Teumer 2012, 24) benannt ist, scheint der Beitrag nicht zugänglich zu sein (vgl. auch Faust 2006, 336). Das Schulgesetz des Landes Sachsen-Anhalt sieht in § 4 Absatz 3 vor, dass der 1. und 2. Schuljahrgang in der Grundschule die Schuleingangsphase bilden, die entsprechend der Lernentwicklung von Schülerinnen und Schülern ein bis zu drei Schuljahre dauern kann.[23] Auf der Internetseite des Bildungsservers des Landes Sachsen-Anhalt wird dahingehend informiert, dass die Schuljahrgänge 1 und 2 »in der Regel gemeinsam unterrichtet werden«.[24]

In *Schleswig-Holstein* gab es von 1994 bis 1997 einen Schulversuch, an dem zwölf Schulen beteiligt waren, die in Verbindung mit der Projektgruppe »Eingangsphase« des Schleswig-Holsteinischen Bildungsministeriums eigene Konzepte erarbeiteten und erprobten. Erfahrungen zur Neugestaltung der Schuleingangsphase wurden gesammelt und in Form von Praxisberichten aus sechs verschiedenen Schulen veröffentlicht (Albers, Hameyer & Schusdziarra 1997). Das Schulge-

---

20 Bildungsserver Saarland, unter: https://www.saarland.de/mbk/DE/portale/bildungsserver/themen/schulen-und-bildungswege/grundschule/grundschule_node.html (abgerufen am 23.09.2020).
21 Schuleingangsphase Sachsen, unter: https://www.schule.sachsen.de/2562.htm (abgerufen am 06.06.2020).
22 Schulgesetz Sachsen, unter: https://www.revosax.sachsen.de/vorschrift/4192.16#p5 (abgerufen am 30.06.2021).
23 Schulgesetz des Landes Sachsen-Anhalt (SchulG LSA) von August 2018, unter: https://www.landesrecht.sachsen-anhalt.de/bsst/document/jlr-SchulGST2018pP4 (abgerufen am 06.06.2020).
24 Unter: https://www.bildung-lsa.de/schule/schulsystem__schul__und_organisationsformen_/grundschule/schuleingangsphase.html?INH_ID=539 9 (abgerufen am 11.04.2021).

setz von Schleswig-Holstein sagt in § 41 Absatz 2 aus, dass die Grundschule vier Jahrgangsstufen umfasst, wobei die Jahrgangsstufen 1 und 2 als Eingangsphase eine pädagogische Einheit bilden. Der Besuch kann entsprechend der Lernentwicklung der Schülerin oder des Schülers ein bis drei Schuljahre dauern. Die Schule entscheidet über die Ausgestaltung der Eingangsphase.[25]

In *Thüringen* wurde von 1998 an ein vom Kultusministerium beauftragter Schulversuch durchgeführt, der von 2000 bis 2003 unter dem Namen »Veränderte Schuleingangsphase in Thüringen« wissenschaftlich begleitet und ausführlich dokumentiert wurde (Carle & Berthold 2004). Zentral war die Fragestellung, wie Prozesse der Entwicklung der neuen Schuleingangsphase unterstützt werden können (ebd., 3). Aus der wissenschaftlichen Begleitung ging das Projekt BeSTe (Begleitete Schuleingangsphase Thüringen entwickeln) hervor, mit dem Ziel, die Bewährung der neuen Schuleingangsstufe für weitere Schulen herauszuarbeiten und flächendeckend zu transferieren (vgl. Carle & Metzen 2009, 12). Im Thüringer Schulgesetz wird die Schuleingangsphase als inhaltliche Einheit[26] der Klassenstufen 1 und 2 gefasst.[27] Die Organisationsform des Unterrichts kann laut Schulordnung (§ 45 Absatz 3) von der Schulleitung »fächerübergreifend, klassenübergreifend, klassenstufenübergreifend und zeitweise kursübergreifend«[28] eingerichtet werden.

Zusammenfassend ist eine große Variationsbreite festzustellen, was sowohl die gesetzlichen Grundlagen der neuen Schuleingangsphase als auch die Realisierung jahrgangsübergreifenden Unterrichts betrifft. Während die Jahrgangsmischung in Berlin, Brandenburg und Thüringen vergleichsweise verbreitet ist, zeigen sich die übrigen Bundesländer eher zurückhaltend. Allerdings stellt sich die Schullandschaft insofern dynamisch dar, als jahrgangsgemischter Unterricht stark abhängig von demographischen Entwicklungen und kapazitären Ressourcen und weniger von pädagogisch begründeten Überlegungen zu sein scheint. So wird beispielsweise im Bundesland Sachsen deutlich, dass die Anzahl jahrgangsübergreifend unterrichtender Schulen derzeit insbesondere in ländlichen Gebieten steigt.

Allerdings wird Jahrgangsmischung vor allem in freien Schulen, aber auch in einzelnen Regelschulen über die Schuleingangsphase hinaus entweder in Verknüpfung mit dem Elementarbereich oder im Anschluss an die Schuleingangsphase praktiziert.

---

25 Schleswig-Holsteinisches Schulgesetz (SchulG) von Januar 2007, unter: https://www.ge setze-rechtsprechung.sh.juris.de/jportal/?quelle=jlink&query=SchulG+SH&psml=bssho prod.psml&max=true&aiz=true (abgerufen am 06.06.2020).
26 Mit der Sichtweise, dass die Schuleingangsphase eine inhaltliche Einheit darstellt, wird vor allem auf die Bildungspläne der Klassen 1 und 2 abgehoben. Demgegenüber lässt sich der Begriff der »pädagogischen Einheit« weiter fassen, da darunter sowohl Inhalte der Bildungspläne als auch das gemeinsame (soziale) Lernen zu verstehen sind.
27 Thüringer Schulgesetz (ThürSchulG) von April 2003, unter: https://bildung.thueringen. de/fileadmin/schule/schulwesen/schulrecht/Thueringer_Schulgesetz_01_08_2020–31_07 _2021.pdf (abgerufen am 06.06.2020).
28 Türinger Schulordnung (ThürSchulO) von September 2020, unter: https://bildung.thue ringen.de/fileadmin/schule/schulwesen/schulrecht/2020_Thueringer_Schulordnung_nicht amtliche_Lesefassung.pdf (abgerufen am 04.11.2021).

3.3 Modellprojekte in Verknüpfung mit dem Elementarbereich

Eine Verknüpfung zwischen Grundschule und Elementarbereich ist beispielsweise im Modellprojekt »Bildungshaus 3 bis 10« in Baden-Württemberg vorgesehen (Arndt & Kipp 2016; Koslowski & Arndt 2016), im schweizerischen Projekt EdK-Ost 4bis8 (Moser & Bayer 2010), teilweise im Schulversuch Jahrgangsübergreifendes Lernen in der Schulanfangsphase (Kucharz & Wagener 2007) und in Modellprojekten zum Peer-Learning (Schomaker 2009; Kordulla 2017).

Das Modell »Bildungshaus 3 bis 10« für Kinder zwischen drei und zehn Jahren wurde in Baden-Württemberg 2007 als Kooperationsverbund zwischen Kindergarten und Grundschule eingeführt und von 2008 bis 2015 durch das Transfer-Zentrum für Neurowissenschaften und Lernen (ZNL) in Ulm wissenschaftlich begleitet. Die Finanzierung wurde vom Bundesministerium für Bildung (BMBF) und dem Europäischen Sozialfonds (ESF) übernommen. Unter »Bildungshaus« wird die Kooperation zwischen Grundschule und einem oder mehreren Kindergärten verstanden mit dem Ziel der intensiven Zusammenarbeit zwischen Kindergarten und Grundschule, sodass ein pädagogischer Verbund entsteht. Die Kooperation konnte konzeptionell unterschiedlich je nach den Gegebenheiten und Ressourcen der Einrichtungen gestaltet werden, jedoch aufbauend auf der Grundidee gemeinsamer Lern- und Spielzeiten. Vorgesehen war, dass die Kindergartenkinder auf diese Weise frühzeitig mit der Schule in Kontakt kommen, die Lehrkräfte noch vor dem eigenen Schulbeginn kennenlernen und erste Erfahrungen mit schulischen Bildungsangeboten machen. Grundschulkinder wiederum haben die Gelegenheit, weiterhin Zeiten im bekannten Kindergarten zu verbringen und Kontakte zu früheren Bezugspersonen aufrecht zu erhalten. Insgesamt vergrößern sich dadurch die Kontaktmöglichkeiten zwischen Kindern unterschiedlichen Alters (vgl. Höke 2013, 16f.).

Die wissenschaftliche Begleitung war unter anderem darauf ausgelegt, die Wirkungen der spezifischen Angebote und die besondere Art der Kooperation auf die kognitive, soziale und emotionale Entwicklung der Kinder zu evaluieren. Dazu wurden bei den Kindergarten- und bei den Schulkindern Testungen und Befragungen durchgeführt (vgl. Sambanis 2009, 134). Wie in den Evaluationsergebnissen zusammenfassend dargestellt wird, hat sich die intensive Zusammenarbeit zwischen Kindergarten und Grundschule »positiv auf die Entwicklung der Kinder ausgewirkt. Insbesondere Kinder, die von familiärer Seite nicht ausreichend gefördert werden konnten, profitierten in ihren sprachlichen und mathematischen Kompetenzen« (Arndt 2015). Zum jahrgangsübergreifenden Lernen lässt sich aus der Studie von Julia Höke (2013) entnehmen, dass sich aus den Antworten der pädagogischen Fachkräfte, die zum Modellversuch befragt wurden, »Altersmischung als Chance« (ebd., 189) herauskristallisieren ließ. Die pädagogischen Fachkräfte äußerten beispielsweise, dass Kindergartenkinder gern mit Schulkindern zusammenseien, dass Schulkinder gern in den Kindergarten gingen und die älteren Kinder von den Jüngeren im gemeinsamen Tun profitieren würden, indem z. B. durch Erklären eigenes Wissen gefestigt werde (vgl. ebd., 189f.). In diesen Aussagen lässt sich eine Orientierung vor allem an den reformpädagogischen Begründungen erkennen (▶ Kap. 2.3), da als Chancen der Altersmischung[29] vor allem die erweiterten sozialen Beziehungen genannt werden. Herausgestellt wird auch die Möglichkeit, dass die Älteren den Jüngeren helfen, was hier entgegen der reformpädagogischen Vorstellung als »Profitieren« der Älteren von den Jüngeren bezeichnet wird.

Eine gewisse Vorbildfunktion für das Modellprojekt »Bildungshaus 3 bis 10« hatte das schweizerische Projekt EDK-Ost 4bis8 (vgl. Höke 2013, 29), das ab dem Schuljahr 2003/04 auf eine Neugestaltung der Eingangsstufe ausgerichtet war. Anstelle des zweijährigen Kindergartens besuchten die Kinder in den Schulversuchsklassen eine dreijährige Grundstufe (flexible Grundstufe) oder eine vierjährige Basisstufe. In der Grundstufe wurden die beiden Kindergartenjahre und die erste Klasse kombiniert, in der Basisstufe wurden die Kindergartenjahre sowie die erste und zweite Klasse der Primarstufe zusammengefasst (vgl. Bayer & Moser 2009, 22). Die Kinder in den altersheterogenen Gruppen von vier bis sieben (Grundstufe) oder von vier bis acht Jahren (Basisstufe) wurden von einer Lehrkraft und einer Erzieherin unterrichtet (vgl. EDK-Ost 4bis8, 2010). Damit handelte es sich um zwei Modelle, »deren flexible organisatorische Rahmenbedingungen und pädagogisch-didaktische Arrangements der Entwicklungs- und Leistungsheterogenität der Kinder im Alter zwischen vier und acht Jahren gerechter werden sollten« (ebd., 11). Wissenschaftlich begleitet wurden die Einrichtungen durch die Pädagogische Hochschule Zürich, die die summative Evaluation übernahm (Erhebung der Leistungsstände). Die formative Evaluation (Befragung der beteiligten Lehrpersonen, Eltern und Kinder) wurde von der Pädagogischen Fakultät der Universität St. Gallen durchgeführt. Eine intensive Begleitung und Unterstützung erfolgte durch das Amt für Volksschule und Kindergarten in Form von fachlicher Beratung, Organisation von Fortbildungen und Unterrichtsbesuchen sowie Reflexionsgesprächen (vgl. ebd.).

Aus den Ergebnissen bezüglich der Altersdurchmischung geht hervor, dass die »neuen Lernformen« (ebd., 114) die Unterrichtsentwicklung anregen, für die Kinder ein Rollenwandel vom jüngsten Kind von vier Jahren bis zum ältesten Kind ermöglicht wird (vgl. ebd., 137), das sozial-emotionale Befinden positiv eingeschätzt wird (vgl. ebd., 114) und keine Nachteile für leistungsstärkere Kinder erkennbar sind (vgl. ebd., 12). Darüber hinaus besteht für die Kinder die Möglichkeit, fließende Übergänge zwischen spielerischen und aufgabenorientierten Formen zu erleben (vgl. ebd., 107). Festgestellt wird auch, dass noch nicht alle Möglichkeiten altersdurchmischten Lernens ausgeschöpft werden, da sich die Kinder zwar häufig gegenseitig unterstützen, aber nebeneinanderher arbeiten, statt gemeinsam, ko-konstruktiv zu lernen, »indem sie z. B ein gemeinsames Produkt erstellen« (ebd., 120).

---

29 Im Rahmen des Elementarbereichs wird überwiegend der Begriff der Altersmischung genutzt, da Jahrgangsmischung eher mit dem schulischen Kontext verbunden wird.

Am Projekt »Jahrgangsübergreifendes Lernen in der Schulanfangsphase« (JüLiSa), welches zwischen den Schuljahren 2001/02 und 2003/04 an sechs Berliner Grundschulen durchgeführt wurde, waren unterschiedliche Kombinationen von Jahrgängen beteiligt (Kucharz & Wagener 2007). Untersucht wurden Klassen mit einer Mischung von Kindern der ersten und zweiten Klasse, erster bis dritter Klasse, aber auch die Mischung von Kindern der Vorklasse[30] bis zur zweiten Klasse. Von Interesse war vor allem, ob und wenn ja, welche Interaktionen zwischen Kindern unterschiedlichen Alters stattfinden und welche Qualität sie haben. Mit den Ergebnissen konnte gezeigt werden, dass sich der Austausch zwischen den beobachteten Kindern gleichen und unterschiedlichen Alters vorrangig auf die Aufgabenstellungen bezog. Entweder handelte es sich um Hilfestellungen bei der Bearbeitung von Arbeitsaufträgen oder die Interaktionen betrafen das Arbeitsverhalten (z. B. Ermutigung zum Arbeiten, Anweisungen geben). Gespräche, die eher private Belange der Kinder berührten (wie z. B. Verabredungen am Nachmittag oder Erzählungen vom Schwimmbadbesuch), waren untergeordnet.

Als Projekte, die speziell das gemeinsame Lernen von Kindern in altersgemischten Konstellationen fokussieren, können exemplarisch zwei Studien zum Peer-Learning zwischen Kindergarten- und Grundschulkindern im Rahmen des Übergangs von der Kindertagesstätte zur Grundschule dargestellt werden. In diesen Studien werden insbesondere die Lernprozesse einzelner Kinder im gemeinsamen Austausch in den Blick genommen.

Im Projekt »Das Miteinander lernen – frühe politisch-soziale Bildungsprozesse« (Kaiser & Lüschen 2014; Lüschen & Schomaker 2012) wurde der Aufbau kindlicher Wissensstrukturen und Erklärungsmuster im Übergang vom Elementar- in den Primarbereich untersucht. Dabei ging es unter anderem um die Frage, inwiefern es bereits Kindern des Elementar- und Primarbereichs in Situationen des Peer-Tutorings gelingt, selbstständig im Tandem an sachunterrichtsrelevanten Inhalten zu arbeiten (Lüschen & Kaiser 2014, 170). Die Ergebnisse verdeutlichen, dass die Grundschulkinder ihre Rolle als Tutorinnen und Tutoren annehmen und sich auch die Kindergartenkinder bei der gemeinsamen Arbeit einbringen konnten. Die Kinder nutzten zur Gestaltung der gemeinsamen Arbeit vielfältige Erklärungs- und Interaktionsmuster, sodass sowohl fachliche als auch soziale Lernprozesse ermöglicht wurden (vgl. Kaiser & Lüschen 2014, 144ff.) In den Gesprächsbeiträgen der Kindergarten- wie auch der Grundschulkinder zeigten sich unabhängig von ihrem Alter inhaltlich gehaltvolle Phasen des Peer-Tutorings durch eine aktive, dialektische Auseinandersetzung mit den gegebenen Lernaufgaben wie zum Beispiel beim Bearbeiten eines Nautilus-Projekts (vgl. ebd., 157).

Auch Agnes Kordulla (2017) fokussiert in ihrem Forschungsprojekt das Zusammenarbeiten von Kita- und Grundschulkindern in altersgemischten Lerngrup-

---

30 In der Zeit der Untersuchung gab es in Berlin sogenannte Vorklassen, die der Grundschule vorgeschaltet waren und entweder im Kindergarten oder in der Grundschule eingerichtet werden konnten. Diese gab es ab dem Schuljahr 2005/06 gemäß § 129 Absatz 6 des Schulgesetzes (SchulG) an der Berliner Grundschule nicht mehr, sondern wurden in den Elementarbereich verlegt.

pen. Im Forschungskontext des Paderborner Modellprojekts Kinderbildungshaus untersuchte die Autorin die gemeinsame Aufgabenbearbeitung von Kita-Kindern und Grundschulkindern in einer Lernwerkstatt. Von Interesse waren insbesondere Kooperations-, Aushandlungs- sowie gegenseitige Hilfeprozesse von Kita- und Grundschulkindern beispielsweise beim Bauen einer Brücke. Das Ziel der Untersuchung bestand darin, Aufschlüsse über Peer-Learning-Settings im Übergang von der KiTa in die Grundschule zu gewinnen, um diese im Sinne des miteinander und voneinander Lernens für den Schulanfang nutzen zu können (vgl. ebd., 97). In Bezug auf die altersgemischten Lernsettings kann Kordulla zeigen, dass die potenziellen Lernchancen, die sich in der Auseinandersetzung zwischen den Kindern ergeben, nicht nur als Gewinn für die Kindergartenkinder gesehen werden können. Auch für die Grundschulkinder ist das altersgemischte Lernen durchaus als Herausforderung zu betrachten, weil sie ihre Erkenntnisse entsprechend versprachlichen müssen, um sich verständlich zu machen und verstanden zu werden (vgl. ebd., 215), indem sie z. B. verdeutlichen, »dass das Graphem ›Z‹ zwei verschiedene Laute bzw. Phoneme das [z] und dem [ts] repräsentieren kann« (ebd., 151). Die Beobachtung ergab außerdem, dass »sozialängstlichere bzw. schüchterne Kinder« (ebd., 219) besondere Schwierigkeiten zeigten, sich in die Lerngemeinschaft einzubringen, sodass diese Kinder einer intensiven Begleitung und Unterstützung beim Lernen in Gruppen bedürfen (vgl. ebd.).

3.4 Jahrgangsmischung über die Schuleingangsphase hinaus

An verschiedenen Reform- und Versuchsschulen hat Jahrgangsmischung eine über die Schuleingangsphase hinaus langjährige Tradition, die Charlotte Röhner et al. zufolge von der »traditionellen Schulpädagogik« (Röhner, Skischus & Rauschenberger 2008, 8) wenig Beachtung findet. Über langjährige Erfahrungen, Entwicklungen, wissenschaftliche Begleitung und Publikationen verfügen Schulen wie die Glocksee-Schule in Hannover, die Laborschule Bielefeld, die Reformschule in Kassel und die Jenaplan-Schule in Jena. In ihren Schulkonzepten vertreten sie unterschiedliche Varianten der Jahrgangsmischung im Primar- und Sekundarbereich und werden diesbezüglich im Folgenden vorgestellt.

»Altersmischung als Schulentwicklungsmodell« lautet ein Erfahrungsbericht aus der *Glocksee-Schule in Hannover*, die als »staatliche Angebotsschule mit besonderer pädagogischer Prägung« (Köhler & Krammling-Jöhrens 2009, 93) im Jahr 1972 gegründet wurde. Ursprünglich war die Schule von der antiautoritären Bewegung beeinflusst und hatte die Bestrebung, Kindern ein möglichst repressionsfreies Lernen zu ermöglichen (vgl. ebd.). Aufgrund der gesellschaftlichen Wandlungen haben sich auch in der Glocksee-Schule Veränderungen ergeben. Seit 1997 gibt es eine Jahrgangsmischung der Klassen 1 bis 3 und 4 bis 6. Von der 7.

bis zur 10. Klasse wird überwiegend in Jahrgangsklassen unterrichtet.[31] Argumente für die Jahrgangsmischung lassen sich auf der Ebene des Lernens dahingehend zusammenfassen, dass die Kinder eher die Möglichkeit haben, ihr individuelles Maß und Tempo beim Lernen zu finden und sich dieses auch zu gestatten. Außerdem können Jüngere »mit Älteren schon etwas ›vorweg lernen‹, wie umgekehrt zusammen mit Jüngeren etwas nachgeholt werden kann – und das, ohne aus dem Rahmen der Klasse zu geraten« (ebd. 94f.). In Bezug auf die sozialen Lernprozesse wird herausgestellt, dass es jedes Jahr einen Wechsel in der Gruppenzusammensetzung gibt, »doch mit den Gleichaltrigen bleibt man zehn Jahre lang zusammen. Es gibt beides: Kontinuität und Chancen für Rollenwechsel« (ebd., 95). Die Autorinnen des zitierten Beitrags, die selbst als Lehrerinnen Erfahrungen sammeln konnten, berichten über einen Evaluationsprozess zur Jahrgangsmischung, der von Lehrkräften selbst initiiert worden war. Als Grundlage dienten soziometrische Daten, Protokolle und die Durchführung von Gruppeninterviews mit Lehrkräften. Die Auswertung der Daten erbrachte folgende Aussagen (ebd., 95f.):

- Kinderbeziehungen entwickeln sich unabhängig vom Alter, aber eher abhängig vom Geschlecht, denn Jungen befreunden sich häufiger mit größeren oder kleineren Jungen als mit Mädchen an – und umgekehrt.
- Wie auch in Jahrgangsklassen haben Kinder gute und weniger gute Beziehungen. Sie haben jedoch in jedem Jahr neue Beziehungsmöglichkeiten. Diese Chance wird genutzt. Die sozialen Strukturen sind offener, Rollen- und Positionswechsel finden tatsächlich statt.
- Die Befürchtung, dass es »vor lauter Mischung nicht zum Lernen kommt« (ebd., 96), ist unsinnig. Gerade die Jüngeren lernen eher früher und mehr. Das heißt nicht, dass das gesamte Leistungsniveau angehoben ist. Aber weil es Anregungen, Material und Angebote für mehrere Jahrgänge in einem Raum gibt, greifen einige eher zu.
- Wenn die einen vorpreschen, bedeutet das nicht, dass die anderen hinterherhinken. Sie gehen das normale Tempo – oder langsamer. Aus der Vielfalt der Unterschiedlichkeiten entsteht dennoch gemeinsames Lernen, mit selbstverständlichem Helfen und weniger Enttäuschung, wenn etwas noch nicht so klappt.
- Die Atmosphäre zwischen den Klassen hat sich verbessert. Türen stehen wieder offen und den Ausruf »Raus hier!« als konfrontative Abgrenzung zur niedrigeren oder höheren Klasse, hört man nicht mehr. Man begegnet sich ja von gleich zu gleich!
- Der Schulanfang ist wesentlich entlastet. Die Neuen erfahren die Rituale, Möglichkeiten, Gewohnheiten, Regeln usw. vor allem durch Abschauen und Mittun. Aber sie beeinflussen ihrerseits auch die Klassenstrukturen und verändern sie. Wie stark das passiert, ist von den jeweiligen Kinderpersönlichkeiten abhängig.

---

31 Unter: https://glocksee-schule.de/unsere-schule/ (abgerufen am 11.04.2021).

Festgestellt wird jedoch auch, dass die Lösung, jahrgangsgemischtes Lernen konsequent einzurichten, das heißt in allen Bereichen jahrgangsübergreifend zu arbeiten und nicht nur in manchen Fächern, auch einschränkend im Sinne des Schulkonzepts wirkte. Denn einerseits sollte den Kindern ermöglicht werden, dass sie auch Zeit mit den Gleichaltrigen aus den Parallelgruppen verbringen können, was andererseits eine zeitliche Festlegung von Pausen und Arbeitsphasen erforderte. Somit kann die Organisation in Form von individuellen Absprachen mit den Kindern nicht mehr wie zuvor möglich organisiert werden.

In *der Reformschule Kassel*, die im Jahr 1988 als Versuchsschule gegründet wurde, wird die Jahrgangsmischung als wichtiges Merkmal des pädagogischen Konzepts betrachtet und in folgenden vier Stufen organisiert: Stufe I umfasst die Jahrgänge 0 bis 2, Stufe II die Jahrgänge 3 bis 5, Stufe III die Jahrgänge 6 bis 8 und Stufe IV die Jahrgänge 9 und 10. Jahrgangsmischung wird damit begründet, dass sich durch die bewusste Erhöhung der Heterogenität der Lerngruppe »positive Effekte für das kognitive und soziale Lernen der Schülerinnen und Schüler« (Röhner et al. 2008, 8) einstellen. Aufgrund der Jahrgangsmischung soll verhindert werden, dass »die Lehrkräfte der Versuchung unterliegen, die Lernenden gleichschrittig zu unterweisen« (Messner 2017, 216). Der Fokus liegt darauf, dass Schülerinnen und Schüler gemeinsam lernen.

> »Gegenseitige Hilfe und Voneinander-Lernen (Jüngere lernen sowohl von Älteren als auch umgekehrt) werden hierdurch besonders gefördert. Zudem wird durch die Jahrgangsmischung in besonderem Maße soziales Lernen angeregt, da sich Schülerinnen und Schüler auf sich stetig verändernde Gruppenkonstellationen einstellen« (Hillinger & Brettschneider 2016, 69).

Mit der externen Evaluation der Reformschule konnte bereits 2003 insbesondere hinsichtlich der Jahrgangsmischung festgestellt werden, dass sich die pädagogischen Annahmen bestätigten. In ihrem Gutachten bescheinigen Ingrid Ahlring und Rudolf Messner (2003) der Jahrgangsmischung:

> »Es ist unstrittig, dass sie insbesondere in der Grundstufe (Stufen I und II) den Schülerinnen und Schülern den Schulanfang erleichtert, selbstständiges und soziales Lernen unterstützt und den Schülern sehr viel mehr Anregungen vermittelt als herkömmlicher Unterricht es tun könnte. Da die Altersmischung notwendiger Weise einhergeht mit individualisierenden Lernarrangements und in der Reformschule in vielfältig und anregend ausgestatteten Klassenräumen stattfindet, sind die ersten fünf Schuljahre für die Kinder an der Reformschule pädagogisch optimal gestaltet und werden auch von den Kindern insgesamt positiv erlebt« (Ahlring & Messner 2003, 115, zit. n. Röhner et al. 2008, 9).

Mit diesen Aussagen wird widerlegt, was häufig in quantitativ-empirischen Befunden belegt wird, dass Jahrgangsmischung weder positive noch negative Auswirkungen auf das kognitive und soziale Lernen hat (vgl. ebd.). Für die Sekundarstufe fällt das zitierte Gutachten jedoch kritischer aus, besonders was die Stufe III betrifft. Hier wird ausgesagt, dass »das altersgemischte Miteinander pubertätsbedingt von Schülern und Eltern als unbefriedigender empfunden« (ebd.) wird als vorher. Dies ändert sich in der Stufe IV wieder, in der die Schülerinnen und Schüler eher auf ihre Abschlüsse gerichtet sind und mit mehr Ernsthaftigkeit arbeiten (vgl. ebd.). Diese Feststellung lässt sich mit einem Blick auf die Schulleistungsergebnisse aus den Studien TIMSS[32] und PISA[33] 2000 untermauern, die dem Jahrgang neun hohe Fachleistungen bescheinigten, die bemerkenswerterweise in einer heterogenen Lernkultur erzielt wurden. Ahlring und Messner (2003, 136, zit. n. Röhner 2004, 69) führen dazu aus:

> »Entgegen der unserem Schulsystem zugrundeliegenden Ansicht, dass hohe fachliche Leistungen am besten in homogenen Schülergruppen zu erzielen seien, erbringt die Reformschule den Nachweis, dass Heterogenität und Leistung sehr wohl vereinbar sind und dass ein Verzicht auf äußere Differenzierung kein Verlust auf gute fachliche Qualität bedeutet.«

Einen Grund für die günstige Leistungsentwicklung sieht Charlotte Röhner (2004) in der Besonderheit des Lernens in Projekten, das eine wichtige Säule der Reformschule darstellt. »Beim Projektlernen sind Schülerinnen und Schüler gefordert, sich mit Problemen und Aufgaben auseinander zu setzen, die sich in der selbstständigen Erarbeitung eines Projektthemas ergeben« (ebd., 70). Röhner sieht die Lernmöglichkeiten darin, dass sich die Schülerinnen und Schüler selbst Ziele setzen und Wege suchen, um diese Ziele zu erreichen sowie Lösungsstrategien zu erwerben, um bei Problemen nicht völlig ratlos zu werden (vgl. ebd.).

In der *Laborschule Bielefeld*, die im Jahr 1974 als staatliche Versuchsschule Nordrhein-Westfalens gegründet wurde, werden die Schülerinnen und Schüler aktuell verschiedenen Stufen zugeordnet. Die Stufe I (Jahrgang 0/1/2) besteht seit der Gründung der Schule als Schuleingangsstufe mit einem integrierten Vorschuljahr und wird jahrgangsgemischt organisiert. Damit soll den Kindern ein »sanfter« Übergang vom Leben in der Familie und in der Kindertagesstätte zum Leben und Lernen in der Schule garantiert werden (vgl. von der Groeben, Geist & Thurn 2011, 262). Darüber hinaus wird die Jahrgangsmischung wie folgt begründet: »Die Kleineren lernen von den Größeren und nicht nur von den Erwachsenen. Jedes Kind lernt nach seinem eigenen Arbeitsrhythmus, ohne Zeit-, Leistungs- und Zensurendruck« (ebd.). Die Stufe II, die die Jahrgänge 3 bis 5 umfasst, wurde im Jahr 2006 nach einer etwa dreijährigen Erprobung fest installiert. Das Arbeiten in Projekten in Form von Gruppen- oder Jahrgangsprojekten hat in dieser Phase eine große Bedeutung. Kinder des fünften Jahrgangs besuchen Wahl-(Grund-)Kurse der Stufe III, die ebenfalls jahrgangsübergreifend organisiert sind (5/6/7). In dieser Stufe können die Schülerinnen und Schüler aus einem umfangreichen Angebot von Kursen wählen, die jahrgangsgemischt erteilt werden. Demgegenüber finden Pflichtfächer ab dem sechsten Schuljahr in jahrgangshomogenen Gruppen statt. In der Stufe IV (8/9/10) arbeiten die Jugendlichen auf individuelle Abschlussprofile hin, was durch verschiedene Wahl- und Leistungskurse gewährleistet wird. Inbegriffen sind drei Praktika, die im Kontext des jeweiligen Jahrgangs absolviert werden, zum Beispiel im achten Schuljahr zwei Wochen in einem Produktionsbetrieb, im neunten drei Wochen in einem Dienstleistungsbetrieb, im zehnten zwei Wochen in einem Betrieb eigener Wahl und eine Woche in der Schule, die sie vielleicht später besuchen möchten (vgl. ebd., 264). In der Gesamtschau wird deutlich, dass Jahrgangsmischung in den

---

32 TIMSS: Trends in International Mathematics and Science Study
33 PISA: Programme for International Student Assessment

ersten beiden Stufen als pädagogisches Konzept eine größere Bedeutung hat, während die letzten beiden Stufen stärker auf individuelle Wahlmöglichkeiten setzen, die durch jahrgangsgemischte Angebote ermöglicht werden.

Die Jenaplan-Schule wurde in Jena im Jahr 1991 gegründet. Bis 2006 war sie ein staatlich genehmigter Schulversuch, der von Anfang an vom Lehrstuhl für Schulpädagogik und Schulentwicklung an der Friedrich-Schiller-Universität Jena wissenschaftlich begleitet wurde. Seit 2012 ist die Schule eine Gemeinschaftsschule, an der alle in Thüringen möglichen Schulabschlüsse erworben werden können, was hinsichtlich der Jahrgangsmischung eine Besonderheit darstellt.

Die Schülerinnen und Schüler werden nach dem Prinzip der altersheterogenen Stammgruppe in Anlehnung an das Konzept des Kleinen Jena-Plans von Peter Petersen (▶ Kap. 2.3) unterrichtet – jedoch unter der Prämisse eines »neuen« Jenaplans (Frommer, John & Müller 2008, 23.), der sich insbesondere von Peter Petersens Begriffsdefinitionen von »Gesellschaft, Gemeinschaft und Führertum« (ebd., 28) abgrenzt. Das Lernen in jahrgangsgemischten Stammgruppen wird im »neuen Jenaplan« von Peter Fauser (2008) damit begründet, dass

- sich den Kindern aufgrund der Altersspanne eine Reichhaltigkeit bietet an »Biographien, Entwicklungstempi, Entwicklungsaufgaben und Entwicklungskrisen, von Stärken und Schwächen, Interesse und Desinteresse, Älteren und Jüngeren, denen man nacheifern und von denen man sich abgrenzen, mit denen man sich verbünden oder auseinandersetzen kann« (ebd., 16f.). Aufgrund dieser Vielfältigkeit an Beziehungen könne verhindert werden, dass sich Zuschreibungen (z. B. Klassenclown) verfestigen. Die Arbeit in jahrgangsgemischten Stammgruppen bietet eine besondere Möglichkeit der Identitätsbildung, die darauf beruht, Differenzen anerkennend wahrzunehmen und nicht mit Angst und Abwehr zu verbinden (vgl. ebd., 16f.);
- die Schülerinnen und Schüler beim Durchlaufen der Stammgruppen verschiedene Kreise von Mitschülerinnen und -schülern kennenlernen (vgl. ebd.) und damit ihre Peerbeziehungen auch über die eigene Altersstufe hinaus erweitern können, wozu die Jahrgangsklasse weniger geeignet ist;
- die Arbeit mit jahrgangsgemischten Stammgruppen von Lehrkräften ein pädagogisches Handeln fordert und ermöglicht, »das die individuellen Differenzen und Eigenarten in ihrer diachronen, biografischen Dimension stärker ins Licht rückt – die pädagogische Gegenwart wird über ein Schuljahr hinaus ausgedehnt; es fällt leichter, Kindern Zeit zu geben und sich auf sie einzustellen« (ebd., 17).

Ermöglicht wird eine flexible Gestaltung der Bildungsgänge von der Vorschulgruppe bis zum Abitur. Die Untergruppe umfasst die Jahrgänge 0 bis 3, die Mittelgruppe die Jahrgänge 4 bis 6 und die Obergruppe die Jahrgänge 7 bis 9. Der zehnte Jahrgang wird jahrgangsgleich unterrichtet, da die Schülerinnen und Schüler am Ende den Realschulabschluss ablegen. Zur Oberstufe gehören die Klassen 11 bis 13, wobei das erste Halbjahr der elften Klasse zur Orientierung und Anpassung an die gymnasiale Oberstufe dient. In dieser Phase erfolgt die Jahrgangsmischung nur in einzelnen Projekten. Im weiteren Verlauf findet das Lernen in jahrgangsgemischten Lerngruppen bis einschließlich des ersten Halbjahres von Klasse 13 statt. Im zweiten Halbjahr bereiten sich Schülerinnen und Schüler in ihrer Jahrgangsgruppe intensiv auf die Abiturprüfung vor.[34]

3.5 Zwischenfazit

Wie in diesem Kapitel herausgestellt wurde, hat die Neugestaltung der Schuleingangsphase eine wichtige Rolle bei der Wiedereinführung der Jahrgangsmischung gespielt. Die einzelnen Bundesländer haben teilweise verschiedene Modellprojekte und Schulversuche zur Erprobung durchgeführt. Schulgesetzliche Vorgaben zur Jahrgangsmischung sind eher dünn gesät, auch wenn die ersten beiden Schuljahre als pädagogische Einheit definiert werden. Auch besteht grundsätzlich die Möglichkeit, Unterricht in Jahrgangsmischung durchzuführen.

Über die Schuleingangsphase hinaus existieren sowohl Projekte in Verbindung mit dem vorschulischen Bereich als auch über die Schuleingangsphase hinaus mit Kindern höherer Jahrgänge. Dies betrifft insbesondere Reformschulen, die über vielschichtige Erfahrungen verfügen und aus deren Berichten hervorgeht, dass Jahrgangsmischung mit Prozessen der Unterrichts- und Schulentwicklung zusammenhängt.

Mit den pädagogischen Begründungen gehen positive Konnotierungen einher, was häufig zu kontroversen und nicht selten zu unsachlichen Auseinandersetzungen führt, wie beispielsweise in verschiedenen Beiträgen in Tageszeitungen ersichtlich wurde mit Schlagzeilen wie »Versuchslabor Grundschule«[35] oder »Brandbrief: Immer mehr Schulen gegen Jahrgangsmischung«[36]. Die kritischen Einwände gegen Jahrgangsmischung, die einen wichtigen Stellenwert haben, werden im folgenden Kapitel zusammenfassend dargestellt und diskutiert.

---

34 Unter: https://www.jenaplan-schule-jena.de/ (abgerufen am 11.11.2020).
35 https://www.zeit.de/gesellschaft/schule/2010-10/trends-moden-grundschule/seite-2 (abgerufen am 11.07.2020).
36 https://www.tagesspiegel.de/berlin/brandbrief-immer-mehr-schulen-gegen-jahrgangsmischung/4613800.html (abgerufen am 11.07.2020).

4 Kontroversen um jahrgangsübergreifenden Unterricht

Die Kontroversen um jahrgangsübergreifenden Unterricht lassen sich schwer fassen, da sie auf unterschiedlichsten Argumentationslinien beruhen, die häufig mit den pädagogischen Begründungen gar nicht vereinbar sind. Trotz dieser Schwierigkeiten werden im Folgenden verschiedene Argumentationsstränge entfaltet, um Widersprüche, Ungereimtheiten und Befürchtungen transparent und möglichst nachvollziehbar zu machen. Die kritischen Einwände können im Wesentlichen auf einer organisatorischen Ebene (▶ Kap. 4.1) und einer sozialerzieherischen und didaktischen Ebene verortet werden (▶ Kap. 4.2), wobei sich die Ebenen gegenseitig bedingen. Eher zu Widersprüchen als zur erhofften Aufklärung tragen Forschungsergebnisse im Hinblick auf die Effektivität von Jahrgangsmischung bei, da die Frage, ob eher jahrgangshomogene oder jahrgangsgemischte Klassen zur Förderung von Kindern geeignet sind, nicht verallgemeinernd beantwortet werden kann (▶ Kap. 4.3). Das Kapitel schließt mit einem Zwischenfazit ab (▶ Kap. 4.4).

4.1 Kritik auf schulorganisatorischer Ebene

Aus schulorganisatorischer Perspektive wird an der Jahrgangsmischung betrachtet, dass sie häufig aus demographischen Gründen erfolgt, das heißt beispielsweise, um kleine Grundschulen insbesondere in ländlichen Gebieten zu erhalten. In diesem Zusammenhang wird Jahrgangsmischung als Synonym für Rückständigkeit gesehen (▶ Kap. 2.4), da sie mit Mangelerscheinungen verbunden wird. Nicht nur die geringe Anzahl an Schülerinnen und Schülern, sondern auch fehlende (gut ausgebildete) Lehrkräfte untermauern diese Argumentation: »Die Unterrichtsform ist eine Rückkehr zur Zwergenschule [sic], die in ländlichen Gebieten aus Not zustande kamen, ist aber einer urbanen Umgebung und deren Möglichkeiten unangemessen« (Steins 2004, 4). Auch wenn zu hinterfragen ist, ob eine urbane Umgebung per se als angemessen betrachtet werden kann, so ist dieser kritische Einwand durchaus berechtigt, wenn Jahrgangsmischung lediglich bedeutet, Unterricht in einzelnen Abteilungen zu organisieren, möglicherweise mit Einsparungen von Lehrkräften zu verbinden und zu erheblichen Arbeitsbelastungen für Lehrkräfte zu führen. Gezweifelt wird auch daran, ob entsprechende Räumlichkeiten zur Verfügung stehen und Ressourcen für entsprechende Lernmaterialien vorhanden sind (vgl. Hinz & Sommerfeld 2004, 181).

Das Argument der Benachteiligung von Schulen auf dem Land, das bereits in den 1960er Jahren hervorgebracht wurde (▶ Kap. 2.4), trifft dennoch nicht den Kern jahrgangsgemischten Unterrichts, wie er heute verstanden wird, da die pädagogischen Begründungen von Jahrgangsmischung nicht in den Blick genommen werden. Nichtsdestotrotz wirken sich erschwerend sowohl für jahrgangsgemischten als auch für jahrgangshomogenen Unterricht mangelnde Ressourcen bzw. schwierige Rahmenbedingungen aus.

4.2 Bedenken auf sozialerzieherischer und didaktischer Ebene

Bedenken, die sich auf sozialerzieherischer und didaktischer Ebene fassen lassen, beziehen sich im Wesentlichen auf den unterrichtlichen Kontext. Bei näherer Betrachtung zeigt sich, dass die Argumente je nach Interpretation zugleich als Chancen und als Befürchtungen gelten können, sodass widersprüchliche Argumente nebeneinander stehen bleiben (müssen). Darüber hinaus lassen sich die Bedenken teilweise auch auf Jahrgangsklassen übertragen. Autorinnen und Autoren wie Ulrich Bosse et al. (1999, 85f.), Renate Hinz und Dagmar Sommerfeld (vgl. 2004, 180f.) und Gisela Steins (2004, 4f.) haben Bedenken gegen Jahrgangsmischung zusammengestellt, die im Folgenden dargestellt und durch Gegenargumente (siehe auch pädagogische Begründungen für Jahrgangsmischung in ▶ Kap. 3.5) abgeschwächt werden.

Einwände auf sozialerzieherischer Ebene:

- Die jährliche Fluktuation innerhalb einer jahrgangsgemischten Klasse kann gemeinsame Entwicklungen und Strukturen, die eine längere Zeit benötigen, durch die jährliche Veränderung von Klassen- und Elternzusammensetzungen behindern. Die Persönlichkeitsbildung einzelner Kinder bekommt zu wenig Gewicht und es entsteht eine große Unruhe innerhalb der Lerngruppe.
- Gegenargument: Aufgrund der Wechsel können sich Rollenzuschreibungen nicht so leicht verfestigen. Da jährlich ein Teil in der Klasse bleibt und ein Teil geht, bleibt eine gewisse Stabilität bestehen. Die Persönlichkeitsbildung bekommt durch den Rollenwechsel der Kinder ein besonderes Gewicht.
- Die Schulanfängerinnen und Schulanfänger stehen vor der Aufgabe einer zweifachen Orientierung, denn sie müssen Beziehungen zu gleichaltrigen und älteren Kindern aufbauen.
- Gegenargument: Die Kinder haben sowohl die Lehrerin als Ansprechpartnerin als auch bereits schulerfahrene Kinder als Bezugspersonen, sodass ihnen die Orientierung leichter fällt.

- Die bereits gefestigten Gruppenbeziehungen der Älteren bzw. schulerfahreneren Kinder können sich für Schulanfängerinnen und Schulanfänger als Schwierigkeit beim Einleben in den Schulalltag darstellen.
- Gegenargument: Die neuen Kinder können sich leichter einleben, weil sie in vorhandene Rituale einsteigen können.
- Kinder wollen mit Gleichaltrigen spielen und arbeiten. Die Jahrgangsmischung schränkt die Auswahl für Freundschaften ein.
- Gegenargument: Zwischen den Kindern unterschiedlicher Jahrgänge entstehen Kooperationsmöglichkeiten, die in einer Jahrgangsklasse nicht möglich wären.

Einwände auf didaktischer Ebene:

- Die Unterrichtsgestaltung ist problematisch, da systematisches Lernen erschwert ist. Die Leistungsbreite wird noch größer und Lehrkräfte unterrichten eine »Mitte«.
- Gegenargument: Die Erprobung einer Vielfalt an Unterrichtsformen ist notwendig und regt dazu an, stärker und besser zu differenzieren. Das Bild von einem Jahrgangsdurchschnittskind verschwindet.
- Die dem Konzept des jahrganggemischten Unterrichts verbundene Öffnung des Unterrichts überfordert vor allem Kinder, die auf strukturierte Lernsituationen angewiesen sind und Unterrichtsformen wie selbstständiges Lernen, Partner- und Gruppenarbeit nicht beherrschen. Insofern können insbesondere jüngere Kinder überfordert sein.
- Gegenargument: Öffnung des Unterrichts ist nicht gleichzusetzen mit unstrukturierten Lernformen, sondern zielt darauf ab, die Kinder entsprechend ihrer Lernvoraussetzungen zu fördern. Zudem lässt sich das Konzept der Öffnung von Unterricht nur schwer verallgemeinern.
- Die zusätzlich herbeigeführte Heterogenität der Kinder führt zu einer hohen zeitlichen Belastung der Kolleginnen und Kollegen. Der zeitliche Aufwand für notwendige Differenzierungen ist sehr hoch und die Vorbereitungen des Unterrichts werden insgesamt zeitaufwändiger.
- Gegenargument: Der erhöhte Zeitaufwand kann reguliert werden, wenn sich Kollegien austauschen und sich eine gewisse Routine eingestellt hat. Darüber hinaus ist ein differenzierender Unterricht aufgrund der Heterogenität auch in Jahrgangsklassen unverzichtbar.

Die Gegenüberstellung von Kritikpunkten und Gegenargumenten verdeutlicht, dass sowohl Einwände als auch pädagogische Hoffnungen ihren eigenen Stellenwert besitzen, jedoch nur im Kontext der Komplexität von Unterricht zu bewerten sind. Allgemeine Aussagen sind nur schwer möglich, was nachvollziehbar werden lässt, dass Diskussionen um Jahrgangsmischung häufig mehr dogmatisch als sachlich geführt werden, was die Auseinandersetzung belastet. Dennoch wird deutlich, dass die Debatte um jahrgangsgemischten Unterricht eine »explizite praktische Relevanz« (Bosse et al. 1999, 10) hat, da sie »unmittelbare praktische Folgen für die innere Reform der Schule haben wird« (ebd.). Damit wird deutlich, dass es sich nicht lediglich um ein Modell der Unterrichtsorganisation handelt, sondern dass Jahrgangsmischung im Kontext von Schul- und Unterrichtsentwicklung zu betrachten ist. Hierauf wird im fünften Kapitel noch ausführlich eingegangen (▶ Kap. 5).

4.3 Problematik Forschungsergebnisse zu Leistungsvergleichen

Forschungen, die danach fragen, ob sich eher jahrgangshomogener oder jahrgangsgemischter Unterricht positiv auf die Leistungen der Schülerinnen und Schüler auswirkt, wurden sowohl im nationalen als auch im internationalen Kontext durchgeführt. In diesen Studien wurden vor allem jahrgangsgemischte und jahrgangshomogene Klassen im Hinblick auf die fachliche und sozial-emotionale Entwicklung der Schülerinnen und Schüler miteinander verglichen.[37]

Vor allem im internationalen Zusammenhang nehmen diese Studien einen vergleichsweise großen Raum ein. Exemplarisch lassen sich vor allem für die 1990er Jahre Forschungsüberblicke nennen (z. B. Pavan 1992; Gutiérrez & Slavin 1992; Veenmann 1995), in denen zumeist Leistungstests im Bereich Sprache und Mathematik durchgeführt wurden sowie Tests zum sozial-emotionalen Bereich wie beispielsweise zum Selbstwert, zum Selbstvertrauen, zur Ängstlichkeit und den Einstellungen zur Schule. In diesen Studien konnten keine signifikanten Unterschiede im Leistungsbereich und in der sozial-emotionalen Entwicklung festgestellt werden. Dass die Studien keine signifikanten Unterschiede ergeben, ist nicht erstaunlich. Denn die Effektivität und Komplexität von (jahrgangsgemischtem) Unterricht lediglich über Leistungsvergleiche zu erfassen, ohne Aussagen über den Kontext Unterricht zu machen, ist ein schwieriges und wenig aussagekräftiges Unterfangen. Denn innerhalb der jahrgangsgemischten Klassen gibt es große Unterschiede. Interessanterweise gibt Veenmann zu bedenken, dass allein die Organisationsform nicht ausschlaggebend für den Lernfortschritt sei und somit die Unterrichtsqualität ebenfalls mit erhoben werden sollte. Damit könne ausgeschlossen werden, dass die Art zu unterrichten in beiden Organisationsformen, Jahrgangsmischung und Jahrgangsunterricht, zu ähnlich sei (vgl. Veenmann 1995, 370).

So ist es nicht verwunderlich, dass auch die im deutschsprachigen Raum durchgeführten Studien zum Leistungsvergleich ebenfalls keine signifikanten Unterschiede zwischen den Leistungen von Kindern in jahrgangsgemischten und jahrgangsgleichen Klassen ergaben (vgl. Fippinger 1967; Furch-Krafft 1979; Knörzer 1984; Roßbach/Tietze 1996). Wichtige Faktoren des schulischen Alltags (z. B. Unterrichtsgestaltung, schulische Gegebenheiten, Ressourcen) wurden auch hier

---

37 Ein Überblick und eine kritische Kommentierung findet sich in der wissenschaftlichen Expertise des Grundschulverbands zur Wirkung von jahrgangsübergreifendem Lernen von Ursula Carle und Heinz Metzen (2014).

nicht berücksichtigt, sodass sie weder eindeutig für noch gegen Jahrgangsmischung sprechen.

Carle und Bertold (2004) konnten in ihren Beobachtungen feststellen, dass die Hälfte der von ihnen beobachteten Unterrichtseinheiten in Form eines »Abteilungsunterrichts« (die Kinder aus den beiden Schulbesuchsjahren werden getrennt unterrichtet) durchgeführt wurde oder nur die Menge der zu bearbeitenden Aufgaben variiert wurde, statt nach Leistungsvermögen der Kinder zu differenzieren. Insofern untermauern auch diese Ergebnisse die Feststellung, dass allein auf Leistungsvergleiche ausgerichtete Forschungsergebnisse unzureichend sind, um jahrgangsgemischten Unterricht erfassen zu können.

Spätere Studien entstammen überwiegend aus den Modellversuchen, Begleituntersuchungen und einzelnen Qualifikationsarbeiten zur sogenannten neuen Schuleingangsphase in den verschiedenen Bundesländern (▶ Kap. 3). Das Interesse dieser Studien ist auf Leistungsvergleiche und Leistungsentwicklungen gerichtet, besteht teilweise aber auch darin, Entwicklungen des pädagogischen Konzepts der Jahrgangsmischung nachzuzeichnen bzw. im Kontext der spezifischen Fragestellungen Empfehlungen für den Unterricht abzuleiten.

In der repräsentativen Studie zum Projekt »Flexible Grundschule in Bayern« (FLeGS; Hartinger 2014), wurden die Ergebnisse nach unterschiedlichen Leistungsgruppen unterschieden. Demnach profitieren in Mathematik eher Kinder, die bereits mit viel Vorwissen in die Grundschule kommen, beim Lesen wiederum diejenigen Kinder, die weniger Vorkenntnisse haben. Dennoch ist für das Gesamt der Kinder das jahrgangsgemischte Lernen nicht nachteilig. Am Ende des ersten Schulbesuchsjahres sind ihre Leistungen den Kindern aus den Jahrgangsklassen ebenbürtig (vgl. ebd., 141). Obwohl festgestellt wird, dass die Ergebnisse von Klasse zu Klasse stark variieren, liegen zu dieser Untersuchung leider keine Daten bezüglich der Unterrichtsgestaltung vor. Im Schulversuch FLEX (Flexible Eingangsphase im Land Brandenburg) wurde im Rahmen der länderübergreifenden Vergleichsarbeiten resümiert, dass die Schülerinnen und Schüler aus den FLEX-Klassen im Leseverständnis besser abschneiden als regulär unterrichtete Klassen und auch in Mathematik tendenziell etwas bessere Werte aufweisen (vgl. Liebers 2008, 233ff.). Dies war besonders dann ersichtlich, wenn die Schulen länger als zwei Jahre mit dieser Unterrichtsform gearbeitet hatten. Auch im Projekt »Schulanfang auf neuen Wegen« in Baden-Württemberg unterstützen (vgl. Ministerium für Kultus, Jugend und Sport, Baden-Württemberg 2006) wurde deutlich, dass Kinder mit ungünstigen Lernvoraussetzungen am Ende der zweiten Klasse das gleiche Leistungsniveau im Lesen, Rechtschreiben und Rechnen erreichten wie Kinder in jahrgangshomogenen Klassen (vgl. ebd., 127). Die Befunde in diesem Projekt verweisen auf bessere Leseleistungen der Kinder im jahrgangsgemischten Unterricht, wohingegen die Kinder in jahrgangshomogenen Gruppen leichte Vorteile im mathematischen Bereich haben.

Insgesamt wäre auch in diesen Studien von Interesse, auf welche Art von Unterricht sich die Ergebnisse stützen. Auch wenn die verschiedenen Leistungsvergleiche aufgrund der standardisierten Tests den Anspruch auf Objektivität erheben, so wird dennoch die vergleichsweise geringe Aussagekraft offensichtlich, wenn die Unterrichtskontexte außen vorgelassen werden. Dies wird auch im internationalen Kontext schon anhand verschiedener Termini zum jahrgangsgemischten Unterricht deutlich (vgl. Ronksley-Pavia et al. 2019). Insofern ist Ursula Carle und Heinz Metzen zuzustimmen, die fordern, dass der Objektivitätsanspruch durch einen Anspruch auf Gegenstandsangemessenheit ersetzt werden sollte (Carle & Metzen 2014, 118).

4.4 Zwischenfazit

Die Auseinandersetzung mit Argumenten pro und contra Jahrgangsmischung verweist darauf, dass eine Bewertung jahrgangsgemischten Unterrichts nur im Kontext verschiedener Bedingungen sinnvoll zu sein scheint. Das zeigt sich insbesondere darin, dass die angeführten Einwände jeweils durch Gegenargumente entkräftet werden können. Auch die Forschungsergebnisse zum Vergleich der Leistungsstände tragen nicht zu einer generalisierbaren Klärung der Fragen nach der Effektivität von jahrgangsgemischtem versus jahrgangsgleichem Unterricht bei, wenn sie nicht in vergleichbaren Unterrichtskontexten durchgeführt wurden. Darüber hinaus ist höchst fraglich, ob allein anhand von Leistungsvergleichen auf die Qualität einer Organisationsform von Unterricht geschlossen werden kann. Festzuhalten ist, dass die Einwände berechtigt sind, wenn jahrgangsgemischter Unterricht nicht auf einem pädagogischen Konzept aufbaut, sondern als »Notnagel« oder gezwungenermaßen durchgeführt wird. Denn Jahrgangsmischung versteht sich nicht nur als Einführung eines neuen Organisationsmodells, sondern ist mit weitreichenden pädagogischen Veränderungen verbunden wie beispielsweise der Auffassung von Lernen, der Vielfalt von Unterrichtsformen und der intensiven Kooperation der pädagogischen Fachkräfte. Angesichts des Facettenreichtums von jahrgangsgemischtem Unterricht ist eine Klärung der Kontexte für zukünftige Forschungen notwendig, um Missverständnisse auszuräumen und angemessene Ergebnisse zu erzielen.

5 Lernen im jahrgangsübergreifenden Unterricht

Dass Heterogenität besonders in der Grundschule von großer Bedeutung ist, stellt keine neue Erkenntnis dar. In jahrgangshomogenen Klassen ist Heterogenität schon allein deshalb selbstverständlich, weil innerhalb eines Jahrgangs eine beträchtliche Altersspanne durch frühzeitige oder spätere Einschulung, durch Klassenwiederholung oder Überspringen von Klassen vorliegen kann. Darüber hinaus können die Lernauslagen aufgrund sozialer, intellektueller, körperlicher und emotionaler Voraussetzungen stark variieren, auch unabhängig vom Alter. Da mit der Dimension der Altersheterogenität die Verschiedenheit der Klassenzusammensetzung zusätzlich erhöht wird, stellt sich die Frage, worin die besonderen Potenziale des Lernens und Lehrens in jahrgangsübergreifenden Klassen liegen.

Der Begriff »Lernen« wird im Alltag selbstverständlich verwendet, obwohl sich Lernen nicht unmittelbar identifizieren lässt bzw. »unsichtbar« ist. So liegen zum Lernen vielfältige Theorien vor, in denen sich wiederum unterschiedliche Sichtweisen dazu ausdrücken, was unter Lernen verstanden werden kann (vgl. Dinkelaker 2018, 50). Anhand verschiedener Lerntheorien, die im Weiteren noch erläutert werden, lässt sich nachvollziehen, dass es sich bei der Klärung von Lernen nicht um *eine* Definition handeln kann. Vielmehr ist »›Lernen‹ als Sammelbezeichnung für eine Vielzahl unterschiedlicher Vorgänge« (ebd., 51) zu betrachten, »die mit der Veränderung von Personen zu tun haben« (ebd.). Darüber hinaus ist zu bedenken, dass »mit Lernen Vorgänge bezeichnet werden, die sich nicht vollständig unabhängig von dem ereignen, wie sie beobachtet werden und wie auf sie einzuwirken versucht wird« (ebd., 52). Das heißt, dass es sich bei den Lerntheorien nicht nur um wissenschaftliche Beschreibungen von Vorgängen handelt, die unabhängig von ihrem Kontext, in den sie eingebettet sind, zu definieren sind. Die Theorien geben auch »immer Hinweise darauf, was getan werden muss, damit sich Lernen in der jeweils beschriebenen Situation zeigen kann« (ebd.).

In den folgenden Abschnitten wird der Frage nach den Potenzialen des Lernens im jahrgangsübergreifenden Unterricht nachgegangen, indem zunächst die »gängigen« lerntheoretischen Sichtweisen nachgezeichnet werden, um auf lerntheoretischer Basis Potenziale des Lernens im jahrgangsübergreifenden Unterricht herauszuarbeiten (▶ Kap. 5.1). Diese Überlegungen werden anhand einer Sequenz, in der zwei Mädchen im jahrgangsübergreifenden Lerntandem eine Aufgabe im Sachunterricht bearbeiten, exemplarisch dargestellt (▶ Kap. 5.2). Mit didaktischen Überlegungen zu Lernpotenzialen jahrgangsübergreifenden Lernens wird das Kapitel abgeschlossen (▶ Kap. 5.3).

5.1 Sichtweisen auf Lernen

Wie bereits erwähnt, werden im Folgenden ausgewählte Lerntheorien näher vorgestellt, um die Bandbreite verschiedener Verständnisse von Lernen aufzuzeigen. Dabei werden Lerntheorien skizziert, die Lernen schwerpunktmäßig als Veränderung individuellen Wissens oder Verhaltens betrachten (Behaviorismus, Kognitivismus). Im Anschluss wird mit Blick auf die Frage nach Lernpotenzialen jahrgangsübergreifenden Lernens insbesondere die soziale Dimension des Lernens fokussiert (Konstruktivismus, sozialer Konstruktivismus). Aus einer sozial-konstruktivistischen Sichtweise wird kollektives Lernen als Voraussetzung dafür betrachtet, dass individuelles Lernen erfolgen kann.

So werden die im Folgenden skizzierten Lerntheorien mit ihren wichtigsten Merkmalen dargestellt, um erstens ihre jeweilige (aktuelle) Bedeutung nachvollziehbar zu machen und sie zweitens in Bezug auf ihre Bedeutung für das Lernen in seiner sozialen Dimension für jahrgangsgemischten Unterricht zu reflektieren.

5.1.1 Behavioristische Sichtweise

Vertreterinnen und Vertreter des Behaviorismus (Behavio(u)r: Verhalten) gehen davon aus, dass eine wissenschaftliche Objektivität existiert, mit der sich die Welt unabhängig von Wertvorstellungen und gesellschaftlichen Realitäten erklären lässt (vgl. Bendorf 2013, 11). Damit lassen sich Aussagen treffen, die objektiv gesehen wahr oder falsch sind (ebd.).

Der Begriff des Behaviorismus geht auf James B. Watson (1913) zurück, der die Position einnahm, dass »Denken, Intentionen und andere mentale Abläufe nicht beobachtbar [sind] und daher wissenschaftlich nicht genau genug untersucht werden können« (Woodfolk 2014, 243). Aufgrund dessen, dass geistige Prozesse nicht sichtbar sind, wird ihnen in den behavioristischen Lerntheorien keine Bedeutung beigemessen. Vielmehr steht das beobachtbare Verhalten im Vordergrund des Interesses. Der Organismus wird als »Black Box« verstanden, der die Zwischenschritte von einem Reiz (Input) bis zur Reaktion als dessen Ergebnis (Output) umfasst. Lernen wird definiert als »der Vorgang, durch den eine Aktivität im Gefolge von Reaktionen des Organismus auf eine Umweltsituation entsteht oder verändert wird« (Hilgard & Bower 1970, 16). Verhaltensänderungen werden aufgrund äußerer Reizeinflüsse herbeigeführt. Somit kann Verhalten durch Reize geformt werden, wie beispielsweise beim operanten Konditionieren, das auf Burrhus F. Skinner (1954) zurückgeht. Da nach seiner Auffassung gelernt wird, »was erfolgreich und nützlich ist, d.h. Verhaltensweisen, die einen angenehmen Zustand herbeiführen oder bewahren« (Göhlich & Zirfas 2007, 20), wird Verhalten mit einem angenehmen Reiz (positiv) oder durch Entfernung eines unangenehmen Reizes (negativ) verstärkt.

Eine soziale Komponente des Behaviorismus hat Bandura (1977) mit dem Lernen am Modell entwickelt. Gelernt wird dadurch, dass ein Modellverhalten beobachtet wird, das einen Reiz für eine Nachahmungsreaktion auslöst. »Nachgeahmt wird das Verhalten dann, wenn das Modell dem Beobachter ähnlich und erfolgreich ist« (Reinmann 2013, o. S.). Mit dem Prinzip der Nachahmung kommen somit auch allmählich innerpsychische Vorgänge beim Lernen zum Tragen, wie Aufmerksamkeit, Gedächtnis, Reproduktion und Motivation (vgl. Göhlich & Zirfas 2007, 22).

Da das Lernen als eine Art des Einübens bzw. »Einpaukens« von Inhalten verstanden wird, hat die Lehrperson die Aufgabe, erwünschtes Verhalten zu steuern, indem sie die Lerninhalte so präsentiert, dass sich ein Lernerfolg zeigt. Mit Lob und Belohnungen werden Reize geschaffen, die erfolgreiches Lernen verstärken. Somit entscheiden die Lehrkräfte, was und wie zu lernen ist bzw. wie sie Reize schaffen, auf die die angestrebten Lernergebnisse folgen. Als Beispiel dafür kann ein fragend-entwickelnder Unterricht gelten, in dem die Lehrperson in kleinschrittiger Folge Fragen formuliert, die von den Schülerinnen und Schülern nacheinander beantwortet werden und sukzessive zum Lernergebnis führen (sollen). Daraus ergibt sich, dass die Lehrperson über »richtig und falsch« entscheidet und es ihr obliegt, Mittel und Wege des »Beibringens« zu finden. Die stark mechanistisch geprägte Vorstellung von Lernen lässt sich somit als eindimensional, wenig komplex und somit als äußerst problematisch bewerten. Innerpsychische Prozesse werden ausgeblendet, sind jedoch Voraussetzung dafür, dass Problemlöseprozesse stattfinden können (vgl. Bendorf 2013, 13). Darüber hinaus wird unterstellt, dass Lehrkräfte die Lernprozesse von Schülerinnen und Schülern steuern können, bzw. dass gelernt wird, was gelehrt wird (vgl. ebd., 12).

Auch wenn behauptet wird, dass die behavioristische Sichtweise allgemein an Bedeutung verliert (vgl. z. B. Woodfolk 2014, 242), bleibt doch festzuhalten, dass im schulischen Kontext Verstärker wie Tokensysteme zur Behebung von Verhaltensauffälligkeiten, die Vergabe von Smilies, Sternchen und Punkten, die als Belohnung (vor allem in der Grundschule) dienen, sowie auch Zensuren (und damit verbundene – oder fehlende – Geldgeschenke) nach wie vor von erheblicher Bedeutung sind.

In Abkehr von letztgenannten Praktiken besteht – insbesondere im Zusammenhang mit dem pädagogischen Konzept des jahrgangsübergreifenden Lernens – die Auffassung, »dass die Unterstützung von Lernprozessen in erster Linie im Vertrauen in das eigendynamische Wollen der Lernenden sowie im vorwegnehmenden Zutrauen von Kompetenz der Lernenden besteht« (Göhlich & Zirfas 2007, 23f.).

5.1.2 Kognitivistische Perspektive

Im Gegensatz zur behavioristischen Sichtweise kommt aus kognitivistischer Perspektive den Denk- und Verstehensprozessen eine wichtige Bedeutung zu. Mit der so genannten *kognitiven Wende*, die sich ab den 1960er Jahren vollzog, wird die Auffassung des menschlichen Gehirns als Black Box aufgegeben. Die lernende Person wird »als Individuum begriffen, das äußere Reize aktiv und selbstständig verarbeitet« (ebd., 24). Lernen erfolgt somit als aktiver Austausch- und Verarbeitungsprozess externer Informationen mit der internen Wissensstruktur. Lernen wird aus dieser Perspektive mit der Informationsverarbeitung eines Computers verglichen und Lernende sind dann erfolgreich, wenn die Informationsverarbeitung dazu führt, ein gestelltes Problem zu lösen (vgl. Neisser 1974, 24). Ausgegangen wird dabei von einer objektivistischen Orientierung, da ein extern und objektiv gegebenes Wissen angenommen wird (vgl. Bendorf 2013, 13).

Von besonderer Bedeutung sind die Ausführungen Jean Piagets, der in seiner Theorie die Begriffe der Akkommodation und der Assimilation als komplementäre funktionale Lernprozesse geprägt hat (vgl. Piaget 1992, 10f.). Unter *Assimilation* ist zu verstehen, dass das Kind Informationen aus seiner Umwelt aufnimmt und diese entsprechend seiner Vorkenntnisse interpretiert. Unter *Akkommodation* ist ein nach außen gerichteter Prozess zu verstehen, bei dem die kognitiven Strukturen (Schemata) angepasst werden. Das Kind verbindet so sein Wissen aufgrund von Unzulänglichkeiten und Widersprüchen zu neuen Erfahrungen. Wissen kann daher nicht »von außen vermittelt werden«, sondern wird durch das Kind selbst aktiv verarbeitet. Hier zeigen sich Überschneidungen mit konstruktivistischen Ansätzen, die von der eigenaktiven Verarbeitung ausgehen (▶ Kap. 5.1.3). Im Zusammenhang mit dem jahrgangsübergreifenden Lernen können in Piagets Ansatz insbesondere sozio-kognitive Konflikte (Widersprüche) eine Rolle spielen, die durch das Aufeinandertreffen verschiedener Sichtweisen von Kindern entstehen und Problemlöseprozesse in Gang setzen können (vgl. Wagener 2014, 56).

Im Unterricht geht es darum, dass die Lernenden eine aktive Rolle haben. Diese wird darin gesehen, eigenständig Informationen aufzunehmen, zu verarbeiten und anhand vorgegebener Probleme zu Lösungen zu gelangen. Lernprobleme sind zurückzuführen »auf fehlerhafte Information, inadäquate Medien oder gestörte Informationsaufnahme« (Göhlich & Zirfas 2007, 25). Somit haben Lehrende die Aufgabe, Lerninhalte und Probleme so aufzubereiten, dass sie von den Lernenden verarbeitet werden können. Der Lehrperson kommt damit die zentrale Rolle der Vermittlung von Wissen zu, indem sie Problemstellungen didaktisch aufbereitet, Materialien zur Verfügung stellt und bei der Verarbeitung der Informationen Unterstützung anbietet (vgl. Reinmann 2013, o. S.). Dazu gehört, die Balance zwischen dem Gewähren eines Handlungsspielraums zum aktiven Denken und Handeln zu finden und strukturierte Hilfestellungen zum Erreichen kognitiver Lernziele zu geben (vgl. Bendorf 2013, 14).

Kritisch betrachtet wird in diesem Ansatz die Computermetapher der Informationsverarbeitung, die von einer »objektiven« Realität ausgeht und sich auf geistige Verarbeitungsprozesse konzentriert. Bereiche wie körperliche Fähigkeiten und Fertigkeiten und soziale Bedingungen des Lernens werden nicht thematisiert.

5.1.3 (Sozial-)Konstruktivistische Perspektive

Während kognitivistische Lerntheorien die Eigenaktivität beim Lernen in Verbindung mit der Vorstellung von Informationsverarbeitung betonen, werden aus konstruktivistischer Perspektive Eigenaktivitäten im Sinne eines autopoietischen Vorgehens postuliert. Das bedeutet, dass sich der Mensch selbst aus seiner Wahrnehmung der Umwelt eine eigene Sichtweise konstruiert. Wissen ist in diesem Sinne eine Konstruktion, die jeder Mensch auf seine eigene individuelle Art vollzieht, sodass keine allgemeingültigen Abbildungen äußerer Erscheinungen oder Gegenstände vermittelt werden können. »Die Informationen oder Reize, die ein Individuum über seine Sinnesorgane aufnimmt, geben ihm keine Anhaltspunkte darüber, wie sich die Wirklichkeit darstellt, sondern dienen lediglich ›als ›Grundstoff‹, der vom Gehirn erst interpretiert und verstanden werden muss« (Bendorf 2013, 108). Die wesentlichen Leistungen des Gehirns bestehen daher in einer »kontinuierlichen Interpretation der von den Sinnesorganen übertragenen Impulse« (ebd.).

Der konstruktivistische Ansatz, der vor allem am Ende des 20. Jahrhunderts viele Befürworterinnen und Befürworter fand (vgl. Göhlich & Zirfas 2007, 24), lässt sich jedoch als »Begriff mit breiter Bedeutung« (Woodfolk 2014, 514) beschreiben. Das zeigt sich unter anderem an den verschiedenen Bezügen konstruktivistischer Lerntheorien wie z. B. auf die Psychologen Piaget und Wygotski, auf die Gestaltpsychologen Bruner und Rogoff, auf den Philosophen und Pädagogen John Dewey oder die Anthropologin Jean Lave (vgl. ebd. 514f.).

Auch wenn es keine einheitliche konstruktivistische Lerntheorie gibt, so lässt sich als gemeinsamer Nenner der verschiedenen Ansätze, wie oben bereits erwähnt, herauskristallisieren, dass (objektiv bestehendes) Wissen nicht wie im Kognitivismus von außen an den Menschen herangetragen und von ihm bearbeitet wird. Vielmehr konzentriert sich der Konstruktivismus darauf, dass sich der Mensch selbst aus seiner Wahrnehmung der Umwelt eine eigene Sichtweise konstruiert.

Wie ist Lernen aus konstruktivistischer Perspektive zu verstehen? Lernen ist als individuelle Konstruktion von Wissen aufzufassen, das nicht einfach durch von außen gesteuerte Vermittlung (z. B. Lehrkräfte) übernommen wird, sondern je eigenständig auf Grundlage der bisherigen Vorstellungen von Schülerinnen und Schülern konstruiert wird. Das heißt, neues Wissen wird dem »schon vorhandenen inneren Bild angeglichen und zugleich wird das vorhandene Bild verändert« (Göhlich & Zirfas 2007, 26). Lernen erfolgt also durch Veränderung, die dadurch entsteht, dass sich das innere Bild und die Welt im Erfahrungsprozess aneinander reiben und sich so befruchten (vgl. ebd.).

Lernen ist nach Reinmann-Rothmeier und Mandl (2001, 616) »ein aktiver, selbstgesteuerter, konstruktiver, situativer und sozialer Prozess«, der sich in Orientierung an Mandl und Krause (2001, 5) folgendermaßen ausdifferenzieren lässt:

- Lernen als aktiver Prozess: Von einem aktiven Prozess ist deshalb auszugehen, weil Lernen die Beteiligung des Lernenden sowie Lernmotivation bzw. Interesse am Prozess oder an der Auseinandersetzung mit dem Lerngegenstand voraussetzt.
- Lernen als selbstgesteuerter Prozess: Die Beteiligung des Selbst beim Lernen ist unumgänglich, da Wissenserwerb ohne Selbststeuerungsanteil nicht denkbar ist. Das Ausmaß der Selbststeuerung und der Kontrolle des eigenen Lernprozesses hängt von der Lernsituation und Lernumgebung ab, was jedoch auch bedeutet, dass die Unterrichtsvorbereitung durch die Lehrperson nicht überflüssig ist.
- Lernen als konstruktiver Prozess: Lernen wird als Aufbau vielschichtiger Bezüge betrachtet, sodass neues Wissen nur dann erworben und genutzt werden

kann, wenn es in die vorhandenen Wissensstrukturen eingebaut wird. Damit ist Lernen ein »Konstruieren von Wissensstrukturen« (Göhlich & Zirfas 2007, 26), wobei offenbleibt, ob damit auch praktisches Wissen und Können angesprochen sind (vgl. ebd.).
- Lernen als situativer Prozess: Da sich Lernen in bestimmten sozialen Kontexten vollzieht und mit diesen verbunden ist, wird Lernen als situativ betrachtet. Das heißt, dass das Wissen mit den inhaltlichen und sozialen Erfahrungen der Lernsituation eng verbunden ist und entsprechende Lernkontexte von großer Bedeutung sind.
- Lernen als sozialer Prozess: Der Erwerb von Wissen ist nicht nur ein individueller Konstruktionsprozess, sondern findet auch im sozialen Rahmen in der Auseinandersetzung mit Anderen statt und wird von ihnen beeinflusst. Um die Sozialität dieses Zugangs herauszustellen, wird der Begriff der Ko-Konstruktion verwendet (vgl. Göhlich & Zirfas 2007, 26). Als ko-konstruktiver Prozess kommt dem Lernen in der Auseinandersetzung insbesondere auch im jahrgangsübergreifenden Unterricht eine besondere Bedeutung zu und wird daher im Abschnitt zum »sozialen Konstruktivismus« noch genauer beleuchtet.

Aus konstruktivistischer Perspektive hat die Lehrperson die Aufgabe, nicht nur Wissen zu vermitteln, sondern vielmehr entsprechende Lernumgebungen bereitzustellen. Da die persönlichen Erfahrungen der Schülerinnen und Schüler als Ausgangspunkt des Lernens betrachtet werden und es darum geht, komplexe Situationen bewältigen zu müssen, übernehmen Lehrkräfte die Rolle von Coaches oder Lernbegleitenden. In dieser Rolle sollen eigenverantwortliche und soziale Lernprozesse der Schülerinnen und Schüler unterstützt werden. Diese werden nicht als passive Rezipientinnen und Rezipienten von Wissen verstanden, sondern zunehmend in die Lage versetzt, ihr Lernen selbst zu planen, zu organisieren, durchzuführen und bewerten zu können (vgl. Gerstenmeier & Mandl 1995, 883).

Kritisch zu sehen ist, dass aus konstruktivistischer Perspektive angenommen wird, »konstruktivistisches Lernen bedeute im Prinzip ein Lernen ohne wesentliche soziale Inputs und Anleitung durch Lehrpersonen, und umgekehrt, dass direkte Instruktion kein konstruktivistisches Lernen auslösen könne« (Reusser 2006, 159). Hieraus kann die Situation der Überforderung von Schülerinnen und Schülern entstehen, aber auch die Gefahr, die Sachbetrachtung zugunsten der Selbstregulierung und Selbstständigkeit als zweitrangig zu betrachten (vgl. Bräu 2015, 134).

Lernen als sozial konstruierter Prozess oder Lernen als Ko-Konstruktion (Youniss)

Grundlegend für die verschiedenen Sichtweisen des sozialen Konstruktivismus ist, dass die Konstruktion der Wissensstrukturen als individuelle Prozesse betrachtet werden, welche in sozialen Kontexten stattfinden und durch diese beeinflusst werden. James Youniss prägte den Begriff der »Ko-Konstruktion«, der besagt, dass Individuen gemeinsam Vorstellungen über einen Gegenstand im Aushandlungsprozess entwickeln (vgl. Youniss 1994, 48). Kinder lernen also nicht nur, Sichtweisen von Anderen zu übernehmen und Perspektiven zu teilen, sondern auch gemeinsam Perspektiven zu entwickeln. »Die gemeinsame Welt wird kooperativ, d. h. durch Operationen beider bzw. aller Beteiligten sowie durch eine Verständigung *über die* [sic!] und einen Abgleich sowie ein Ineinandergreifen der individuellen Operationen, konstruiert« (Göhlich & Zirfas 2007, 27).

Youniss fokussiert im unterrichtlichen Zusammenhang insbesondere die Interaktion mit Gleichgestellten bzw. Peers. Denn, während die Beziehungen zwischen Erwachsenen und Kindern durch den Erfahrungs- und Wissensvorsprung der Erwachsenen gekennzeichnet sind, lassen sich die Beziehungen unter Gleichaltrigen als egalitär und reziprok-symmetrisch charakterisieren (vgl. Youniss 1982, 89). Der soziale Austausch zwischen Kindern in der Schule ist deshalb von großer Bedeutung, weil diese sich als prinzipiell Gleichgestellte gegenüber treten mit der Chance, ihre Vorstellungen, Standpunkte und Bedürfnisse zu äußern und auf das Handeln ihrer Interaktionspartnerinnen und -partner einzuwirken. Somit kann durch die soziale Interaktion zwischen Kindern ein Austausch von Problemsichten entstehen. Die soziale Beziehung gilt als zentraler Faktor individueller Verstehensprozesse, da Fragen, Argumente und gemeinsame Problemlösungsprozesse den Kompetenzerwerb der Individuen unterstützen. Damit negiert Youniss nicht, dass jede Person ein »privates inneres Selbst« (Youniss 1994, 35) hat, sondern er stellt fest, dass »das Selbst und der andere eine fundamentale Einheit bilden, die schon früh entsteht und deren Struktur sich entwickelt« (ebd.). Lernprozesse vollziehen sich demzufolge vor allem in sozialen Kontexten als interaktive Aushandlung von Bedeutung (vgl. Miller 1986, 10).

Lernen als kollektiver Prozess (Miller)

In seiner soziologischen Lerntheorie unterscheidet Max Miller kollektive Lernprozesse danach, ob sie zur Aneignung von Basistheorien oder anwendungsbezogenem Wissen führen und ob sie schwerpunktmäßig monologisch oder dialogisch vollzogen werden (vgl. ebd., 140). Folgende Übersicht über die unterschiedlichen Lernformen wird anschließend erläutert (▶ Tab. 3).

Tab. 3: Formen des Lernens

	monologisch	**dialogisch**
Aneignung von Basistheorien: grundlegende theoretische Prämissen eines Wissenssystems (z. B. Schriftspracherwerb, Sachwissen)	autonomes Lernen (z. B. wissenschaftliches Problemlösungsverhalten)	fundamentales Lernen (sozialer Vorläufer des autonomen Lernens)
Aneignung von anwendungsbezogenem Wissen unter Voraussetzung von Basistheorien (z. B. Berechnungen von Gegenständen)	relatives Lernen (erfolgreiches Problemlöseverhalten praktizieren, z. B. Übungen zur Orthographie)	—

Miller grenzt das fundamentale Lernen vom autonomen und relativen Lernen ab (Miller 1986, 140). Während das relative Lernen impliziert, ein »erfolgreiches Problemlösungsverhalten« (ebd. 141) zu praktizieren, ist das autonome Lernen eher ein »spätes und sicherlich nicht von allen Individuen gleichermaßen erreichtes ontogenetisches Entwicklungsstadium« (ebd.). Nach Miller sind Kinder im Grundschulalter jedoch nur begrenzt zum autonomen Lernen in der Lage, da sie ein soziales Kollektiv und den gemeinsamen Diskurs zum Lernen benötigen. Daher spielt das »fundamentale Lernen« (ebd., 10) insbesondere im Grundschulalter eine herausragende Rolle. Denn im Austausch mit anderen (Mitschülerinnen, Mitschülern und Lehrkräften) haben die Kinder die Möglichkeit, neue Perspektiven auf einen Lerngegenstand einzunehmen, Fragen zu stellen, Widersprüche zu erkennen, oder sich in eine Sache zu vertiefen. Nach Miller werden in »kollektiven Argumentationen« (ebd., 23) bestehende Sichtweisen und Wissensbestände umstrukturiert und reorganisiert, sodass durch diese Weiterentwicklung Neues gelernt wird (vgl. ebd., 141).

Sozial-konstruktivistische Perspektive zum Lernen im jahrgangsübergreifenden Grundschulunterricht

Da ein grundlegendes Lernpotenzial in den wechselseitigen Aushandlungsprozessen gesehen wird, wird den Schülerinnen und Schülern ermöglicht, Probleme aus verschiedenen Perspektiven wahrzunehmen und sich auszutauschen. Dadurch werden Wissensbestände erweitert und Lernprozesse angestoßen. Aufgrund der Interaktionsprozesse zwischen den Mitgliedern der Lerngruppe »kann das einzelne Individuum jene Erfahrungen machen, die fundamentale Lernschritte ermöglichen« (Miller, 1986, 21). Für eine jahrgangsgemischte Lerngruppe ergeben sich daraus besonders vielfältige Lernpotenziale, da die Kinder mit ihren unterschiedlichen schulischen Erfahrungen und kognitiven Wissensbeständen ein breites Spektrum für Aushandlungen und Deutungen bieten können.

Im Sinne des sozialkulturellen Ansatzes von Wygotski sind Lernpotentiale auch darin zu sehen, dass sich Kinder unterschiedlicher Jahrgänge und verschiedener Entwicklungsniveaus gegenseitig anleiten können und dabei die Möglichkeit haben, die »Zone der nächsten Entwicklung« (Wygotski 1987, 83) zu initiieren. Damit ist der Bereich zwischen dem gegenwärtigen Entwicklungsstand des Kindes und dem Entwicklungsstand, den das Kind erreichen könnte, gemeint. Das aktuelle Entwicklungsniveau umfasst alles, was das Kind auf Grund bisheriger Entwicklung und Aneignung bereits selbstständig bewältigen kann (vgl. Lompscher & Nickel 1997, 30). Damit stehen weitere Leistungsmöglichkeiten zur Disposition, die das Kind zwar noch nicht selbstständig, aber unter Anleitung kompetenterer bzw. erfahrenere Personen realisieren kann. Im Rahmen des jahrgangsübergreifenden Unterrichts können schulerfahrenere Kinder eine wichtige Funktion als Impulsgebende einnehmen, indem im Sinne von Barbara Rogoff (1990, 8) eine »guided participation« entsteht, bei der Expertinnen bzw. Experten und Unerfahrene eine Lehr-Lerngemeinschaft bilden, in der durch Austausch und Kooperation gemeinsame Ansichten über die soziale Praxis entwickelt werden.

Da Grundschulkinder in einer Beziehungswelt leben und Sachauseinandersetzungen mit Beziehungsfragen verbinden (Diehm & Scholz 2003, 49), ist insbesondere für das jahrgangsübergreifende Lernen relevant, den Zusammenhang von Aneignung und Erwerb von Wissen im Kontext der Peerbeziehungen und -praktiken in den Blick zu nehmen. Im folgenden Abschnitt werden die Überlegungen zum sozial-konstruktivistischen Lernen anhand eines ausgewählten Beispiels aus der Unterrichtspraxis veranschaulicht.

5.2 Ko-konstruktives Lernen im jahrgangsübergreifenden Lerntandem

Im Folgenden werden Überlegungen zur Ko-Konstruktion aus dem vorigen Kapitel aufgegriffen und anhand einer beobachteten Unterrichtssequenz veranschaulicht. Dabei handelt es sich um die Beschreibung einer Videoaufnahme, die in einer jahrgangsübergreifenden Klasse (1 bis 3) an einer Berliner Regelschule aufgenommen wurde.

Kontext der Videoaufnahme

Die Videoaufnahme entstand im Rahmen eines Forschungsprojekts, das unter Leitung der Autorin gemeinsam mit Daniela Jähn und Tina Walther derzeit an der Technischen Universität Dresden durchgeführt wird. Fokussiert wird das gemeinsame Bearbeiten von Aufgaben im Sachunterricht. Dafür wurden jahrgangsübergreifende Kindertandems über einen Zeitraum von zwei Schuljahren in etwa vierwöchigen Abständen beim gemeinsamen Arbeiten gefilmt. Bislang wurden Videoaufnahmen zu 16 jahrgangsübergreifenden Kindertandems in vier verschiedenen Grundschulen in Berlin und Sachsen erstellt. Eine Besonderheit lag darin, dass den Kindern jeweils zu zweit ein Aufgabenblatt vorlag.

Die Untersuchung zielt unter anderem darauf ab, Erkenntnisse über die Ermöglichung jahrgangsübergreifenden Lernens im Sachunterricht zu gewinnen, indem gefragt wird:

- Wie bearbeiten die Kinder die Aufgabe?
- Wie gelingt ihnen ein fachlicher Austausch?
- Welche Lernpotenziale ergeben sich durch die Jahrgangsmischung?

Im Rahmen der im Unterricht behandelten Sachunterrichtsthemen bekamen die Kinder ein Aufgabenblatt, das thematisch in Absprache mit der jeweiligen Lehrperson entworfen wurde.

Beschreibung der Aufgaben

Die Aufgabenformate waren darauf ausgelegt, die Ko-Konstruktion der Kinder im jahrgangsübergreifenden Lerntandem zu unterstützen und orientierten sich an Kriterien für kooperationsfördernde und offene Sachunterrichtsaufgaben (vgl. Rieck 2005). Folgende Kriterien wurden berücksichtigt (vgl. Grittner & Wagener 2017, 187):

Die Aufgaben

- erfordern die Zusammenarbeit, insbesondere Kommunikation und Austausch zwischen den Lernenden,
- lassen Fragen der Kinder zu und fordern auf, ein Problem zu lösen,
- berücksichtigen verschiedene Schwierigkeitsgrade, Zugangs- und Darstellungsformen (ästhetisch, schriftlich, mündlich, darstellend), damit sich Kinder mit verschiedenen Lernausgangslagen einbringen können,
- berücksichtigen sachunterrichtsdidaktische Zielsetzungen wie z. B. das sachbezogene Verstehen der Umwelt und deren Erschließung, sich »darin zu orientieren, mitzuwirken und zu handeln« (Perspektivrahmen der GDSU 2013, 9).

In der für dieses Kapitel ausgewählten Unterrichtssequenz bearbeiten Kyra (2. Jahrgang) und Lena (3. Jahrgang) ein Aufgabenblatt zur Unterrichtseinheit »Obst und Gemüse«, die kurz vor dem Abschluss steht.[38] Folgende Aufgaben sind zu bearbeiten:

1. Erfindet zu zweit eine neue Obstsorte und eine neue Gemüsesorte. Wie sehen sie aus? Überlegt gemeinsam.
2. Zeichnet sie.
3. Wie schmeckt euer Obst? Wie schmeckt euer Gemüse?
4. Begründet zusammen: Warum sollte es euer Obst und Gemüse geben?

Die offen gehaltenen Aufgaben, die nicht in »richtig« oder »falsch« zu kategorisieren sind, sondern Begründungen erfordern, geben Einblicke in das Denken und die Erklärungen der Schülerinnen. Gemeinsames Nachdenken, Fragenstellen, Zweifeln, Einbringen, aber auch Verwerfen von Ideen, können den Prozess der Wissenskonstruktion anregen (vgl. de Boer 2018, 34).

Protokoll

Anhand einer protokollierten Videosequenz wird nachgezeichnet, wie sich die beiden Mädchen Kyra (2. Jahrgang) und Lena (3. Jahrgang) im jahrgangsgemischten Lerntandem über ihre je eigenen Assoziationen, Phantasien und Deutungen miteinander verständigen und diese zu Papier bringen.

---

38 Die Namen der Kinder wurden verändert.

5.2 Ko-konstruktives Lernen im jahrgangsübergreifenden Lerntandem

Im folgenden Protokoll werden ausgewählte Sequenzen aus der gemeinsamen Arbeitsphase von Kyra (2. Jahrgang) und Lena (3. Jahrgang) dargestellt, die insgesamt einen Zeitraum von etwa zwanzig Minuten umfasste.

Abb. 1: Kyra (2. Jahrgang) und Lena (3. Jahrgang) im Austausch (eigene Fotografie)

Arbeitsbeginn und erste Aufgabe

Nachdem sich die beiden Mädchen darüber ausgetauscht haben, mit welchem Stift sie arbeiten wollen und ihre Namen auf das Aufgabenblatt geschrieben haben, liest Lena die erste Aufgabe vor, bei der es darum geht, zu zweit eine neue Obst- und Gemüsesorte zu erfinden. Nach kurzer Überlegung meint Kyra: »Vielleicht machen wir eine Sorte, die heißt Kiki.« Dabei lacht sie und fährt fort: »Oder Kaki? Es gibt eine Sorte, die Kaki heißt, oder? Es gibt eine, ich hab' sie gegessen.« Daraufhin fragt Lena: »Was wollen wir dann uns ausdenken? Wollen wir erstmal ausmalen? Erstmal irgendeine Obstsorte?« Kyra verneint und meint: »Wir müssen erst nachdenken, was das für eine sein soll, wie sie aussehen sollte.« Lena schlägt vor: »Eine Bananina?« Beide lachen. Lena spricht davon, dass sie eine gute Idee habe und sagt: »Wir machen eine Gurkensalamimo, eine Gurkensalamimo.« Sie lacht dabei. Kyra überlegt: »Ähm, vielleicht eine Chikisorte?« Lena: »Chikisorte, genau.« Kyra antwortet: Ja, Kikisorte.« Lena fragt: »Wie soll die aussehen? Vielleicht so rund, passt zu Kiwi oder so wie ein Mond, also so wie ne Banane.« Die beiden Mädchen sammeln Ideen, indem sie sich gegenseitig ergänzen, inspirieren und auf spielerische Weise versuchen, passende Namen zu finden. Dennoch scheinen sie die Aufgabenstellung nicht aus den Augen zu verlieren, Obst- und Gemüsesorten zu (er)finden.

Als der Ideenfluss etwas ins Stocken gerät, stellt Lena lachend fest: »Das ist schwer.« Auch Kyra stimmt dem zu. Lena macht folgenden Vorschlag: »Also dann probieren wir vielleicht schon mal. So!«

Aufgabe 2

Lena sieht offenbar im Aufzeichnen auf dem Blatt eine Möglichkeit, die fehlenden Ideen zu kompensieren: »So, okay. Soll ich malen?« Sie beginnt mit dem Zeichnen und bekommt von Kyra die Rückmeldung: »Oh, das passt zu Obst, Kiki oder?« Lena ist mit Kyras Vorschlag einverstanden und fragt: »Sollen wir die Namen dazuschreiben?« Kyra antwortet: »Ja, wir müssen ja auch hier schreiben.« Im nächsten Schritt setzen sich die Kinder über die Farbe ihrer Obstsorte auseinander und einigen sich schlussendlich auf das Aussehen, das sie zeichnerisch auf dem Arbeitsblatt festhalten. Auch eine zweite Obstsorte mit dem Namen »Sasino« wird von den Kindern gezeichnet. Dabei orientieren sie sich an einem Apfel. Lena stellt hierzu fest: »Die sieht witzig aus. Sasino. Sasino. Da hat immer irgendwas mit Italienisch zu tun. Ich bin ja in Italien geboren, also.« Kyra geht auf diese Information nicht ein. Beide einigen sich darauf, dass bei der Farbauswahl in jedem Fall die Blätter grün »sein müssen«.

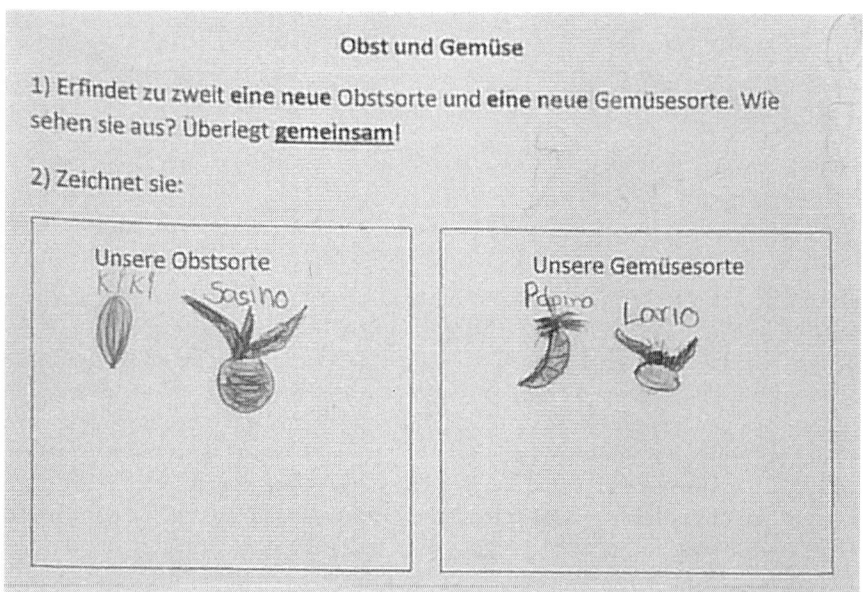

Abb. 2: Aufgaben 1 und 2 (eigene Fotografie)

Die Suche nach einer Gemüsesorte gestaltet sich ähnlich wie zuvor bei der Obstsorte über das Kreieren und gegenseitige Weiterführen der Ideen. Kyra nennt den Begriff »Bambelo« und kommt darüber auf »Bambino«. Lena erklärt hierzu lachend: »Bambino heißt auf Italienisch hübscher Junge oder Junior.« Kyra, die sich zu dieser Erklärung nicht äußert, assoziiert weiter den Begriff »Bampa«. Nachdem sich schon fast ein übereinstimmendes Ergebnis eingestellt hat und Lena fragt, wie die Bamba aussehen soll, verwirft Kyra die Idee. Kyra meint: »Irgendwie komisch, dieses Bamba, Bamba. Vielleicht, was nicht mit B anfängt, sondern mit P.« Schließlich einigen sich beide auf Papino. Lena schreibt den Begriff auf das Arbeitsblatt. Dabei betont Kyra, dass es sich dabei um eine Gemüsesorte handelt, denn Kyra zufolge handelt es sich bei Papino um »irgendwas mit nicht Obst, sondern jetzt irgendwas, das zu Gemüse passt.« Lena macht den Vorschlag, diese Gemüsesorte der Karotte ähnlich aussehen zu lassen und Kyra ergänzt »ein paar so kleine Streifen«. Die zweite Gemüsesorte orientiert sich an der Kartoffel und bekommt den Namen »Lario«.

Aufgaben 3 und 4

Lena liest nach Beendigung der zweiten Aufgabe die Fragestellung der dritten Aufgabe vor, in der nach dem Geschmack gefragt wird und Kyra antwortet in Bezug auf die Obstsorte spontan: »Das schmeckt süß.« Lena bestätigt diese Aussage und Kyra ergänzt: »Und drin hat sie hat eine Schale.« Offensichtlich ist Lena gegen diesen Zusatz, da sie erwidert: »Nee wir machen einfach: Unsere Sasino ist süß.« Unklar ist, ob diese Ablehnung mit der Anforderung des Schreibens im Zusammenhang steht. Kyra erweitert die Antwort: »Und schreib': sie ist sehr, sie ist gesund.« Somit kommt Lena die Aufgabe zu, die Antworten aufzuschreiben. Sie schreibt, indem sie deutlich und langsam dazu spricht: »Und sie ist sehr ge-

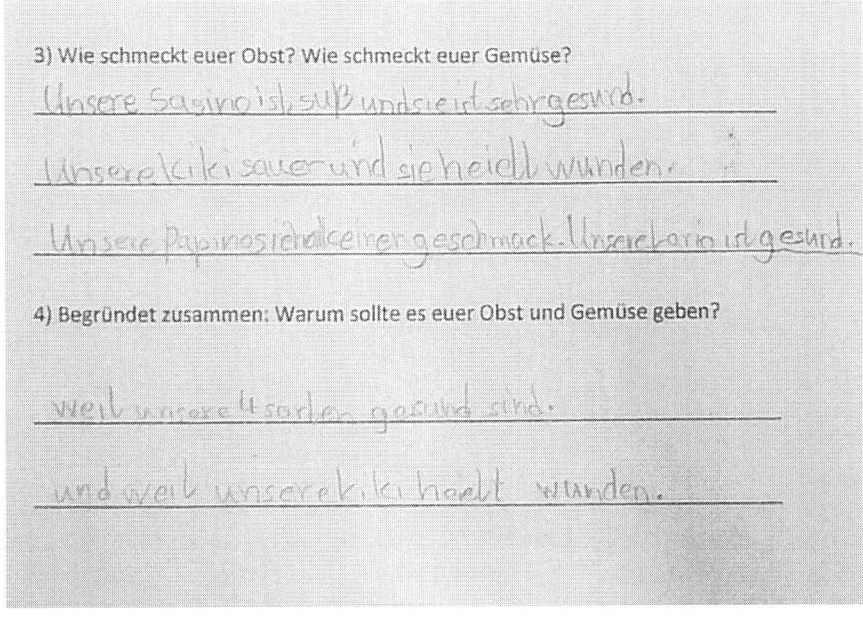

Abb. 3: Aufgaben 3 und 4 (eigene Fotografie)
Antworten zu Aufgabe 3: »Unsere Sasino ist süß und sie ist sehr gesund. Unsere Kiki sauer und sie heielt wunden. Unsere Papino sie hat keinen geschmack. Unsere Lario ist gesund. [sic]«
Antworten zu Aufgabe 4: »weil unsere 4 sorten gesund sind. und weil unsere kiki heielt wunden. [sic]«

sund, sehr, hör. Da kommt noch ein h hin.« Damit macht sie auf die Dehnung in »sehr« aufmerksam. Kyra diktiert nun Lena die Sätze im langsamen Tempo. Auch die Kiki wird beschrieben. Hier verständigen sich die Mädchen darauf, dass sie sauer ist und Wunden heilt. Kyra führt dazu aus: »Sie hat so Wasser drinnen und guck, wenn man dies auf die Wunde macht, geht des schnell weg, okay?« Lena bestätigt und schreibt auf: »heilt Wunden.« Die beiden Mädchen beschreiben in der dritten Aufgabe nicht nur den Geschmack der Obstsorten (süß und sauer), sondern auch Eigenschaften (sehr gesund, heilt Wunden).

Die Aufgabe, den Geschmack von Gemüse zu beschreiben, stellt eine große (sprachliche) Herausforderung dar. Da sich Kyra und Lena etwas schwerer tun, behelfen sie sich damit, dass die Papino keinen Geschmack hat und die Lario gesund ist. So haben sie die Frage, wie die Gemüsesorte schmeckt, auf ihre Weise beantwortet. In der vierten Aufgabe werden diese Aussagen teilweise wiederholt. Die Satzanfänge »weil« verweisen darauf, dass den Kindern bewusst ist, dass hier eine Begründung gefragt ist. Die erste Begründung wird auf alle »4 Sorten« bezogen, die »gesund« sind. Mit der Besonderheit der Wundheilung wird die Erfindung der »Kiki« begründet.

Rekonstruktion des gemeinsamen Bearbeitungsprozesses

In Bezug auf die Ko-Konstruktion kann in dieser Unterrichtssequenz ein grundlegendes Lernpotenzial darin gesehen werden, dass Kyra und Lena jeweils aktiv beim Erfinden und Begründen neuer Begriffe in die wechselseitigen Aushandlungsprozesse involviert sind. Darüber hinaus scheinen die beiden Mädchen Vergnügen an ihren neuen Wortkreationen zu finden, weil sie häufig gemeinsam lachen und sich gegenseitig immer wieder zum Erfinden von neuen Namen inspirieren.

In Bezug auf die zuvor gestellten Fragen lassen sich (aus analytischen Gründen) folgende Überlegungen formulieren:

1. Wie bearbeiten die Kinder die Aufgabe?

Beide Mädchen lassen sich gegenseitig viel Raum, um eine eigenständige Entscheidung zu treffen. Lena stellt beispielsweise Fragen wie: »Was wollen wir machen?« und »Wie soll die aussehen?«, die zwar einerseits mit Unentschlossenheit in Verbindung gebracht werden könnten. Andererseits geben diese Fragen jedoch die Möglichkeit, über verschiedene Varianten nachzudenken, ohne ein vorschnelles Urteil zu fällen. Diese Offenheit, die auch Widerspruch und neue Vorschläge zulässt (aus der Gemüsesorte Bamba wird Papino, Aushandlungen über die farbliche Gestaltung der Obst- und Gemüsesorten) zieht sich durch die gesamte Sequenz. Während zu Beginn der Bearbeitung jedes der Mädchen seinen eigenen Namen auf das Arbeitsblatt schreibt, scheinen sich beide darüber einig zu sein, dass Lena (3. Jahrgang) das Aufschreiben übernimmt, während Kyra (2. Jahrgang) vergleichsweise viele Ideen mündlich einbringt, die nicht vollständig notiert werden (können). Das Zeichnen übernehmen beide abwechselnd in ge-

genseitigem Einvernehmen. Auch wenn die Aufgabenstellungen nicht genau entsprechend ihrer Anforderungen bearbeitet werden (jeweils zwei Obst- und Gemüsesorten, statt jeweils einer, die Frage nach dem Geschmack wird auch hinsichtlich der Eigenschaft beschrieben), bilden sie durch das Vorlesen (Lena) und Ausformulieren (Kyra) dennoch den roten Faden der Arbeitsphase. Der Austauschprozess der beiden Mädchen lässt auf die Qualität der Beziehung, schließen, die von gegenseitiger Wertschätzung geprägt ist. Auch die obige Abbildung zeigt, wie zugewandt sich die beiden Mädchen sind.

2. Wie gelingt ihnen ein fachlicher Austausch?

Der fachliche Austausch findet auf der Basis des Wissens über die Unterscheidung in Obst- und Gemüsesorten statt, die für die Kinder selbstverständlich zu sein scheint. Bei ihren Überlegungen zum Aussehen ihres erfundenen Obsts und Gemüses orientieren sie sich an ihnen bekannten Sorten (Kiwi, Banane, Apfel, Karotte und Kartoffel). Auch der Begriff der »Sorte« (Obstsorte, Chikisorte, Kikisorte) befindet sich im Sprachgebrauch der Kinder. Kyra erwähnt die ihr bekannte Kaki-Frucht, deren Existenz sie damit begründet, dass sie sie schon gekostet habe. Unterschieden werden die Geschmacksrichtungen süß und sauer, ohne jedoch näher darauf einzugehen. Eine ihrer erfundenen Gemüsesorte ist sogar ohne Geschmack. Ein weiterer Fachbegriff, die Schale, wird nicht vertieft. Die Möglichkeit der heilenden Funktion wird einer Obstsorte (Kiki) zugeschrieben. Erklärt wird diese Funktion von Kyra, die meint, dass die Flüssigkeit (»Wasser drinnen«) Wunden heilen könne. Diese Idee lässt an spezielle Heilpflanzen (wie beispielsweise Aloe vera) denken, für deren Blättersaft »Wirksamkeitsbelege für die topische Anwendung zur Unterstützung der Heilung von Wunden« (Kraft 2015, 178) existieren. Inwieweit Wirksamkeiten dieser Art zuvor im Unterricht thematisiert wurden, bleibt an dieser Stelle offen. Lena transformiert Kyras alltagssprachliche Aussage in Bildungssprache (»heilt Wunden«).

Auffallend ist, dass der Austausch der beiden Kinder weniger darin liegt, sich gegenseitig Fragen zu stellen, zu zweifeln oder Teilthemen (z. B. die Analogie ihrer Begriffe zur italienischen Sprache) zu vertiefen. Vielmehr werden die Aufgaben überwiegend in gegenseitiger Übereinstimmung bzw. Ergänzung bearbeitet. Weder die heilende Wirkung, die Kyra einbringt, noch die Erläuterung Lenas zum Dehnungs-h wird von den Kindern jeweils kommentiert.

3. Welche Lernpotenziale ergeben sich durch die Jahrgangsmischung?

Durch die Aufgabe, die Wissen durch Erfinden aufbauen bzw. vertiefen soll, wird das aktiv-entdeckende Lernen unterstützt (vgl. Rieck 2005, 5). Die Kinder tauschen ihre Gedanken aus und suchen in gegenseitiger Ergänzung nach adäquaten sprachlichen Ausdrucksmöglichkeiten. Dabei zeigt sich, dass Lena, die über mehr Erfahrungen im Bearbeiten schulischer Aufgaben verfügt, die Arbeitsorganisation übernimmt, indem sie die Fragen vorliest, das Schreiben übernimmt und den Arbeitsfluss aufrechterhält. Demgegenüber bringt Kyra einen breiten Fundus an Ideen zur Gestaltung von Farben und Formen sowie die Idee zur heilenden Funktion einer Obstsorte ein. Entlastet vom Schreiben fungiert sie als Impulsgeberin, deren Ideen jedoch nicht vollständig verschriftlicht werden. Dies könnte darauf zurückzuführen sein, dass das Schreiben viel Zeit in Anspruch nimmt. Dennoch ist die Diktiersituation als lernförderlich für beide Kinder zu betrachten, da ihnen durch das laute Mitsprechen im Schreibtempo bzw. beim Diktieren die Artikulation schriftsprachlicher Ausdrucksformen als Erweiterung der eigenen Handlungsmöglichkeiten bewusst werden kann (vgl. Merklinger 2011, 179). Die Herausforderung der Erfindung und deren Transformation von der mündlichen Sprache in Schriftsprache bewältigen die beiden Mädchen ko-konstruktiv. Dabei wird der Anspruch an die Verschriftlichung sichtbar, die nur einen Ausschnitt des mündlichen Austauschprozesses widerspiegelt.

Die Jahrgangszugehörigkeit wird von den Mädchen nicht explizit thematisiert. Sie sind gleichermaßen am Arbeitsprozess beteiligt, jedoch in unterschiedlicher Weise, da sich arbeitsteilige Rollen mit spezifischen Aufgaben bzw. Funktionen ergeben. Während Kyra die Rolle innehat, inhaltliche Impulse zu geben, übernimmt Lena die Funktion, die Impulse auszuwählen, entsprechend in Schriftsprache zu transformieren und aufzuschreiben.

5.3 Didaktische Überlegungen zur Ermöglichung ko-konstruktiven Lernens

Nach Auffassung von Max Miller sind insbesondere solche Gespräche lernförderlich, in denen möglichst unterschiedliche Ideen verbalisiert und diskutiert werden, um so zu neuen kollektiv erzeugten Ansätzen zu gelangen (vgl. Miller 2006, 9). Wie bereits angemerkt, konnten im beschriebenen Gespräch weniger diskursive Gesprächsverläufe als vielmehr plausibel vorgetragene Ideen ausgemacht werden, an die sich die Kinder jeweils anschlossen. Diese Beobachtung stimmt mit den Untersuchungen von Christine Howe (2009) überein, die Prozesse der Zusammenarbeit unter Peers im Alter zwischen acht und zwölf Jahren in drei englischen Grundschulklassen untersuchte. Howe stellt fest, dass sich diskursive Gesprächsverläufe, in denen unterschiedliche Meinungen verhandelt werden, im Grundschulalter aufgrund der fachlichen und sozialen Anforderungen sehr selten vorfinden lassen (vgl. ebd., 220).

Daher erscheint es sinnvoll, das Argumentieren bzw. das Begründen von Sachverhalten und Vorstellungen in Gesprächen anzubahnen, was ebenso als lernförderlich betrachtet werden kann. Hierfür bieten insbesondere offene Aufgabenstellungen einen Rahmen, da Auseinandersetzungen zwischen den Kindern erwünscht sind, keine vorab festgelegten Ergebnisse erwartet werden und Kinder zeigen können, wie sie ihre Ideen mit den fachlichen Anforderungen verbinden.

Dabei kommen der Lehrperson wichtige Aufgaben zu. Es geht darum, die Schülerinnen und Schüler zu beobachten, beim fachlichen Austausch anzuregen, zu beraten und ihnen als Ansprechpartnerin zur Verfügung zu stehen, ohne das

Gespräch zu bestimmen. Die von den Schülerinnen und Schülern vorgebrachten Vorstellungen und Begründungen können tiefergehend und weiterführend durch die Lehrkraft auch im Klassengespräch (angeleitet) in einer Anschlusskommunikation diskutiert werden. Indem Arbeitsergebnisse verglichen, begründet und reflektiert werden, können die verschiedenen Perspektiven auf den Lerngegenstand erweitert werden.

Im Sinne Klafkis (1992) lassen sich mit Blick auf die Bildungsinhalte weitere Fragen darauf fokussieren, dass ein »Bewusstsein für zentrale Probleme der Gegenwart (und mögliche Probleme der Zukunft) aufgebaut wird und dass man die Bereitschaft entwickelt, an deren Lösung mitzuarbeiten« (Hartinger 2013, 27). Im Zusammenhang mit den Aufgaben, eine Obst- und Gemüsesorte zu erfinden, könnten folgende Fragen zur Bearbeitung anregen:

- Welche Auswirkungen haben Bezeichnungen, Aussehen und Geschmack von Obst und Gemüse auf die Menschen?
- Wie lassen sich verschiedene Geschmacksrichtungen sprachlich beschreiben und wozu dienen sie?
- Welche Bedeutung könnten heilende Wirkungen in Obst und Gemüse für die Menschen (die Menschheit) haben?

Die Auseinandersetzung mit derartigen Fragen ermöglicht den Kindern, unabhängig von ihren Jahrgangszugehörigkeiten miteinander ins Gespräch zu kommen und sich auf Basis ihrer unterschiedlichen Wissensstände auszutauschen, Neues zu erfahren bzw. Bekanntes zu vertiefen. Dies erfordert vonseiten der Lehrperson nicht nur fachliche Expertise, sondern auch eine offene Grundhaltung, um zusammen mit den Schülerinnen und Schülern »im Gespräch Erklärungen zu suchen, Anschlussfragen zu entwickeln, Fachbegriffe anzubieten und Schülererklärungen aufeinander zu beziehen.« (de Boer & Bonanati 2015, 9) Dabei eröffnet sich auch für die Lehrperson die Möglichkeit, eigene Sichtweisen auf das Lernen zu erweitern und (subjektive) Theorien zu reflektieren.

6 Individualisierende Unterrichtsarrangements im jahrgangsübergreifenden Unterricht

Wie kann jahrgangsübergreifender Unterricht in der Praxis gestaltet werden? Das pädagogische Konzept des jahrgangsbergreifenden Unterrichts ist darauf ausgelegt, jedes Kind entsprechend seiner spezifischen Lernvoraussetzungen zu fördern, sodass ein Unterricht, der von einem gleichschrittigen Vorgehen für alle ausgeht, obsolet wird. Individualisierung des Unterrichts gilt daher als Forderung und Voraussetzung dafür, dass Schülerinnen und Schüler entsprechend ihrer Möglichkeiten lernen können (▶ Kap. 2.6).

Diese Anforderung an jahrgangsübergreifenden Unterricht ist mit großen Herausforderungen für die Unterrichtspraxis verbunden. Bei näherer Betrachtung zeigt sich ein Spannungsfeld, das sich innerhalb von Individualisierung einerseits im Sinne von Selbst- und Mitbestimmung und von Standardisierung (passgenaue Lernangebote) andererseits beschreiben lässt. Im Folgenden findet zunächst eine begriffliche Annäherung statt, um dieses Spannungsfeld aufzuzeigen (▶ Kap. 6.1). Im Anschluss daran werden verschiedene didaktische Arrangements vorgestellt und im Hinblick auf ihre Ermöglichung von Individualisierung befragt (▶ Kap. 6.2). Exemplarisch werden schließlich Aufgabenbeispiele aus dem jahrgangsübergreifenden Unterricht vorgestellt und reflektiert (▶ Kap. 6.3). Mit Überlegungen, die den Balanceakt im Spannungsfeld von Individualisierung aufgreift, wird das Kapitel abgeschlossen (▶ Kap. 6.4).

6.1 Begriffliche Annäherung an »Individualisierung«

Eine Annäherung an den Begriff der »Individualisierung« lässt sich aus verschiedenen Blickrichtungen wie 1. der (reform-)pädagogischen, 2. der didaktischen und 3. der pädagogisch-didaktischen Perspektive vornehmen, die im Folgenden erläutert werden.

1. (Reform-)Pädagogische Perspektive

Aus dieser Perspektive wird Individualisierung im Kontext eines (reform-)pädagogischen Unterrichts betrachtet, in dem Kindern das Recht[39] auf Selbstorganisation und Mitbestimmung zugestanden wird. Diese beziehen sich sowohl auf die organisatorische und methodische Form des (offenen) Unterrichts als auch auf inhaltliche und politisch-partizipative Aspekte (vgl. Bohl & Kucharz 2010, 19). In der Unterrichtspraxis bedeutet das für Schülerinnen und Schüler beispielsweise, selbst darüber bestimmen zu können, wie, wann, mit wem und welche Lerngegenstände sie bearbeiten wollen (vgl. Peschel 2016, 79).

Schule wird als Gemeinschaft verstanden, in der Demokratie gelernt und gelebt wird, ebenso demokratisches Handeln. Dieses gewinnt für den jahrgangsübergreifenden Unterricht an besonderer Bedeutung, da die Schülerinnen und Schüler die Möglichkeit haben, sich mit Peers unterschiedlicher Jahrgänge auseinanderzusetzen. Demokratiebildung verlangt eine »veränderte pädagogische Haltung – und damit auch für den Unterricht ein grundsätzliches Nachdenken über die Rolle von Kindern in der Schule« (Brügelmann 2011, 357).

Hinsichtlich der Individualisierung des Lernens stellt sich die Frage, wie Lehrkräfte mit der Vielzahl individueller Lernbedürfnisse, Fragen und Problemlagen ihrer Schülerinnen und Schüler umgehen können, bzw. auf welche Weise sie den Überblick behalten können, um der Forderung nach der bestmöglichen individuellen Förderung nachkommen zu können (vgl. Kucharz & Wagener 2007, 130). Da die Schülerinnen und Schüler insbesondere in der jahrgangsübergreifenden Zusammensetzung über unterschiedliche Schulerfahrungen und Kenntnisse verfügen, können sie sich gegenseitig unterstützen, ohne immer auf die Lehrperson angewiesen zu sein. Dennoch zeigt sich auch hier das der Unterrichtspraxis immanente Problem, dass »die knappe Ressource Lehrkraft auf die Vielzahl der Schülerinnen und Schüler zu verteilen ist, die ihrer bedürfen« (Breidenstein 2014, 38).

2. Didaktische Perspektive

Die didaktische Perspektive fokussiert das Unterrichtsangebot, das möglichst passgenau an die je spezifischen Lernvoraussetzungen von Schülerinnen und Schülern zu entwerfen ist, beispielsweise in Form spezieller Förderpläne (vgl. Bohl, Batzel & Richey 2012, 44). Das heißt, dass individualisierendes Lernen ausgehend von den erfassten Lernvoraussetzungen bzw. Interessen einzelner Schülerinnen und Schüler initiiert wird, indem passende Lernangebote zur Verfügung gestellt werden (vgl. ebd.). Diesem Konzept, das auch als »adaptiver Unterricht« bezeichnet

---

39 »Seit 1992 ist die UN-Kinderrechtskonvention geltendes Recht in Deutschland. Jedes Kind muss die Möglichkeit haben, sich über die Kinderrechte zu informieren. Denn nur wer seine Rechte kennt, kann diese auch einfordern. Hier sind insbesondere Bildungseinrichtungen gefragt, die Kinderrechte im Unterricht zu vermitteln und im Schulalltag gemeinsam zu leben.« Unter: https://www.kinderrechte.de/kinderrechtebildung/kinderrechteschulen/kinderrechte-in-der-schule/ (abgerufen am 21.04.2021).

wird, liegt das theoretische Prinzip »der optimalen Passung« (Helmke 2013, 14) zwischen Lernangeboten und Lernvoraussetzungen zugrunde. Zur Verwirklichung von Individualisierung sind nach Bohl et al. (2012, 44) mindestens fünf Handlungsbereiche von der Lehrperson zu beachten:

1. Ziele, Inhalte oder zu erlernende Kompetenzen festlegen,
2. Lernvoraussetzungen aller Schülerinnen und Schüler in Bezug auf die festgelegten Ziele feststellen,
3. Bereitstellen passender Lernangebote entsprechend der Lernvoraussetzungen und festgelegten Ziele,
4. individuelle Unterstützung der Schülerinnen und Schüler während des Arbeitsprozesses gewähren,
5. Überprüfung der Arbeitsergebnisse im Hinblick auf das Erreichen der Ziele.

Wie aus dem Handlungsablauf ersichtlich wird, ist mit dieser Variante von Individualisierung ein hoher Aufwand an Vorbereitungszeit verbunden. Auch während des Unterrichts werden eine zeitlich intensive Unterstützung und individuelle Zuwendung zu den Schülerinnen und Schülern sowie ein hohes Ausmaß an diagnostischen Fähigkeiten der Lehrkräfte vorausgesetzt. Eng gekoppelt ist diese Art der Individualisierung an vorgegebene Standards, mit denen auch Lernformen programmierten Unterrichts assoziiert werden können, bei dem die Inhalte in sehr kleine Lerneinheiten aufgeteilt werden, die logisch aufeinander aufbauen und sukzessiv bearbeitet werden. Zusätzlich zur Informationsdarbietung werden Lernaufgaben bearbeitet, auf deren Lösung eine (sofortige) Rückmeldung erfolgt. Kooperatives Lernen ist nicht vorgesehen, da der Lernweg genau festgelegt ist (vgl. Reinmann-Rothmeier & Mandl 2001, 622f.). Der Zusammenhang mit der Vorstellung von individualisiertem Lernen ist daher durchaus auch kritisch zu betrachten.

3. Pädagogisch-didaktische Perspektive

Neben der »Strategie der lehrergesteuerten Individualisierung« (Helmke 2013, 35) existieren auch schülergesteuerte Formen, bei denen die Schülerinnen und Schüler selbst entscheiden können, welche Aufgabe passend bzw. in ihrem Interesse ist. Hierzu lassen sich nach Helmke (ebd.) folgende Unterrichtsarrangements anführen:

1. Kooperatives Lernen in Form von Projektarbeit, Freiarbeitssettings oder Wochenplanarbeit innerhalb einer arbeitsteiligen Gruppe,
2. Aufgabenbearbeitung mit unterschiedlichen Einstiegs- und Lösungsmöglichkeiten sowie Verarbeitungstiefen und gestuften Lernhilfen,
3. Nutzung von Lernsoftware, die Individualisierung ermöglicht.

Die genannten Unterrichtsarrangements verweisen darauf, dass individualisiertes Lernen nicht mit Einzelarbeit gleichzusetzen ist, sondern ebenso gemeinsames

Lernen in Kooperation und Ko-Konstruktion umfassen kann (▶ Kap. 5). Eine »exzessive Individualisierung« (Helmke 2013, 36) würde zu Vereinzelung führen, bzw. könnte im Extremfall zu einer Kultivierung von Individualismus führen. »Die Förderung sozialer Kompetenzen – wie Teamfähigkeit, Fairness, Hilfsbereitschaft, Mitleid, Höflichkeit, aber auch gesunde Durchsetzungsfähigkeit – hätte dann keine ausreichende Basis« (ebd.). Aus dieser Perspektive würde dem Verständnis von Individualisierung des Lernens jedoch das Missverständnis zugrunde liegen, zu unterstellen, dass beim Lernen der Austausch mit anderen Schülerinnen und Schülern verzichtbar wäre.

Die schülergesteuerten Varianten der Individualisierung werden als weniger aufwändig in der Vorbereitung der Passfähigkeit betrachtet und scheinen deshalb in der Schulpraxis leichter realisierbar zu sein. Aufgrund der Wahlmöglichkeiten der Schülerinnen und Schüler kann – zumindest »der Idee nach – sowohl die Selbstbestimmung der Schüler erhöht als auch die Passgenauigkeit des Unterrichtsangebots verbessert werden« (Breidenstein & Rademacher 2017, 4). Allerdings wird vorausgesetzt, dass die Schülerinnen und Schüler die Fähigkeit besitzen, sich selbst einzuschätzen, ihren Lernprozess eigenständig organisieren zu können und bereit sind, sich mit dem Lerngegenstand (selbsttätig[40]) auseinanderzusetzen. Da diese Fähigkeiten nicht vorausgesetzt werden können, ist die Förderung und Begleitung eigenständigen und ko-konstruktiven Lernens vonseiten der Lehrperson unabdingbar. Gleichzeitig ist die Eigenständigkeit der Schülerinnen und Schüler Voraussetzung dafür, dass sich die Lehrperson während des Unterrichts Zeitfenster schaffen kann, um sich einzelnen Schülerinnen und Schülern zuwenden zu können und Einblick in den individuellen Lernprozess erhalten kann. Zum Tragen kommt also auch hier die bereits angesprochene Problematik der »Ressource Lehrkraft«. Eine wichtige Rolle kann dabei die Jahrgangsmischung spielen, da bereits schulerfahrenere Schülerinnen und Schüler den weniger Erfahrenen als Ansprechpartnerinnen und -partner zur Verfügung stehen – auch wenn nicht gleichzusetzen mit der Rolle einer Lehrperson.

Die Problematik, die mit Individualisierung und damit mit dem Spannungsfeld zwischen Partizipation (Selbst- und Mitbestimmung) und Standardisierung (Vorgaben in Form adaptiver Lernformen) im Kontext des schulischen Unterrichts verbunden ist, wird sich nicht auflösen lassen. Vor dem Hintergrund dieser Antinomie stellt sich die Frage, wie verschiedene Arbeitsformen in Bezug auf ihre Realisierung individualisierenden Lernens einzuschätzen sind. Im folgenden Kapitel werden didaktische Unterrichtsarrangements zur Individualisierung im jahrgangsübergreifenden Unterricht näher beleuchtet.

---

40 Unter selbsttätigem Lernen ist zu verstehen, »dass die Lernenden ihre Lernprozesse aktiv gestalten, sich also nicht nur passiv-rezipierend verhalten, dass sie eigene Erfahrungen aus ihrem geistigen und manuellen Tun gewinnen und ihr Lernen zunehmend eigenverantwortlich mitgestalten« (Heymann 2015, 6). »Selbständiges Lernen liegt erst vor, wenn Lernende im Unterricht Raum und Zeit für das Einbringen ihrer eigenen Interessen und Erfahrungen haben sowie für ihre eigenen Lernwege, ihr verstehenderprobendes Handeln, ihren eigenen Stil im Umgang mit Problemen und – bei ausgebauteren Formen – auch für die eigenständige Organisation des Arbeitsprozesses« (Messner 1995, 206).

6.2 Didaktische Unterrichtsarrangements zur Individualisierung

Im Folgenden werden didaktische Unterrichtsarrangements zur Individualisierung dargestellt, die hinsichtlich ihrer Perspektive auf Individualisierung näher betrachtet werden. Dabei handelt es sich um

1. Arbeitspläne,
2. die Erarbeitung eines selbst gewählten Themas sowie
3. um Aufgaben zur Ko-Konstruktion, deren Umsetzung insbesondere im Rahmen jahrgangsübergreifenden Unterrichts praktikabel erscheinen.

Zu betonen ist, dass es sich um eine Auswahl an Unterrichtsarrangements handelt, die neben vielen weiteren Gestaltungselementen von Unterricht, wie z. B. Klassengespräche, Erzählrunden, Schreibwerkstätten, Rollenspielen, Vorträgen etc. in der Unterrichtspraxis zu finden sind.

6.2.1 Arbeitspläne

Bei Arbeitsplänen handelt es sich um eine Organisations- und Strukturierungsform, die darauf ausgelegt ist, dass Schülerinnen und Schüler gemäß ihrer individuellen Lernbedürfnisse (jahrgangsübergreifend) arbeiten können. Entsprechend ihres eigenen Arbeitstempos, ihrer Interessen und Neigungen können sie sich ihre Arbeit selbst einteilen und organisieren.

Arbeitspläne finden sich in der Unterrichtspraxis in verschiedenen Ausführungen und zeitlichen Ausdehnungen, beispielsweise als Tages- oder Wochenplan. Auch Stationenarbeit lässt sich als Arbeitsplan betrachten, da sich die Schülerinnen und Schüler mit verschiedenen Aufgaben befassen, die an unterschiedlichen Stationen zu finden sind (ähnlich dem Zirkeltraining im Sport). Die sogenannten Lernwege, die in Kapitel 6.3.1 vorgestellt werden, lassen sich ebenfalls als Arbeitsplan bezeichnen, der im Sinne eines adaptiven Lernangebots zu verstehen ist – ein Lernplan, der auf einem vorgegebenen Weg zu absolvieren ist (▶ Kap. 6.3.1).

Gemeinsam ist den Arbeitsplänen, dass sie (überwiegend) von der Lehrperson erstellt werden. Das heißt, wie im »herkömmlichen« Unterricht trifft die Lehrperson Entscheidungen über Ziele, Inhalte, Methoden und Medien bzw. Materialien und den Zeitraum der Bearbeitung.

Arbeitspläne können sich jedoch durch den Grad der Wahlmöglichkeiten bzw. durch die Bezugnahme auf individuelle Lernvoraussetzungen von Schülerinnen und Schülern unterscheiden. Die Varianz erstreckt sich von einem von der Lehrperson vorstrukturierten Arbeitsplan bis hin zu einem »offenen« Plan, den die Schülerinnen und Schüler selbst entwerfen und damit die Möglichkeit haben, sich selbst an der Planung zu beteiligen. Arbeitspläne können verbindliche und selbst zu wählende Aufgaben enthalten mit dem Ziel des Übens, Wiederholens oder Anwendens zuvor erarbeiteter Lösungswege. Genauso können aber auch Aufgaben zum Problemlösen, zum Erkunden, Forschen oder zum Präsentieren in einem Plan vorhanden sein (vgl. Bräu 2005, 135).

Die Arbeit mit dem Arbeitsplan kann sowohl in Einzelarbeit als auch in Partner- oder Gruppenkonstellationen erfolgen, sodass Kommunikation und Ko-Konstruktion möglich sind.

Aufgrund der beschriebenen Vielfalt an Möglichkeiten scheint sich ein Arbeitsplan insbesondere für den jahrgangsübergreifenden Unterricht als eine Form (von vielen) zur Bearbeitung von Aufgaben zu eignen, da sich die Schülerinnen und Schüler aufgrund ihrer verschiedenen Vorkenntnisse gegenseitig unterstützen können oder sich miteinander über ihre (unterschiedlichen) Sichtweisen und Erfahrungen mit den Arbeitsaufträgen austauschen können.

Bei der Erstellung von Arbeitsplänen ist die Frage zu berücksichtigen, in welchem Ausmaß Selbst- und Mitbestimmung im Sinne des Demokratielernens und Lernvorgaben eine Rolle spielen sollen. Folgende Überlegungen können diesbezüglich zur Reflexion der Unterrichtspraxis beitragen.

Arbeitspläne zwischen Individualisierung und Standardisierung

- Einerseits besteht der Anspruch, dass die Schülerinnen und Schüler entsprechend ihrer eigenen Interessen und Neigungen sowie entsprechend eigener zeitlichen Bedürfnisse arbeiten können. Andererseits wird jedoch ein gewisses Arbeitspensum vorgegeben, das zu erfüllen ist.
- Ein Arbeitsplan kann als Pflichtpensum (analog zu einer To-Do-Liste) betrachtet werden, welches es möglichst schnell zu erledigen gilt, um die Rahmenvorgaben einhalten zu können (vgl. Huf 2006, 230). In Extremform kann ein Arbeitsplan dazu führen, dass die Schülerinnen und Schüler miteinander in Wettbewerb treten.
- Aus sozialkonstruktivistischer Sicht auf das Lernen hat die wechselseitige Aushandlung mit Lernpartnerinnen und -partnern einen hohen Stellenwert für das individuelle Lernen. In diesem Sinne ist ein Arbeitsplan dann als kontraproduktiv zu bewerten, wenn er das möglichst schnelle »Abarbeiten von Aufgaben« anregt, denn Austausch und Diskurs benötigen Zeit.
- Die Erfüllung eines Arbeitsplans ist daraufhin zu reflektieren, inwieweit die Schülerinnen und Schüler eher einem kontinuierlichen Leistungsdruck und einer Leistungsbewertung ausgesetzt sind als mit Lernen aus pädagogischer Sicht (vgl. Meyer-Drawe 2008, 208): »Permanente Kontrollen gelten nicht dem, was man ist, sondern dem, was man sein sollte, d. h. sie erzeugen die flexibel angepasste Persönlichkeit« (ebd.).

6.2.2 Erarbeitung eines selbst gewählten Themas

Im Gegensatz zum vorstrukturierten Arbeitsplan im Sinne eines passgenauen Lernangebots steht bei der Erarbeitung eines selbst gewählten Themas die Selbstbestimmung der Schülerinnen und Schüler im Vordergrund. Deren Entscheidung über Inhalte und Ziele ihres Lernens soll zur Demokratisierung von schulischen Strukturen beitragen, da auf diese Weise das schulische Curriculum von den Schülerinnen und Schülern mitbestimmt wird (vgl. Bannach 2014, 99). Damit soll gleichzeitig die Eigenverantwortung für schulisches Lernen entwickelt werden (vgl. ebd.).

Das Bearbeiten eines selbst gewählten Themas findet in verschiedenen Formen statt, beispielsweise durch die Aneignung von Wissen mittels Recherche (Fachliteratur, Internet, Befragung etc.), in schriftlicher und/oder künstlerischer Form, aber auch mündlich wie beispielsweise durch die Vortragstätigkeit in einer Präsentation. Die Arbeit am Thema kann in Einzelarbeit oder auch in Kleingruppenarbeit erfolgen. Wird in Lerntandems oder in Gruppen gearbeitet, so können sich die Schülerinnen und Schüler die Arbeit aufteilen. Für den jahrgangsübergreifenden Unterricht hat die Arbeitsteilung deshalb eine besondere Funktion, weil für Teilaufgaben oftmals Fertigkeiten vorausgesetzt werden, die (noch) nicht von allen Gruppenmitgliedern in gleicher Weise beherrscht werden, z. B. das Schreiben. Somit können trotz unterschiedlicher Lernvoraussetzungen und Neigungen dennoch gemeinsame Arbeitsergebnisse in der jahrgangsübergreifenden Gemeinschaft entstehen.

Da nicht davon auszugehen ist, dass alle Schülerinnen und Schüler einer Klasse von vornherein über Voraussetzungen zur Teilhabe an dieser anspruchsvollen Form des Bearbeitens von Aufgaben verfügen, sind Kompetenzen zum selbsttätigen Arbeiten, zur Nutzung von Wahlmöglichkeiten, zum Stellen von Fragen sowie zum Arbeiten mit Peers gezielt aufzubauen. Daher lassen sich folgende Überlegungen anstellen:

Selbst gewählte Themen zwischen Individualisierung und Standardisierung

- Die Schülerinnen und Schüler haben die Möglichkeit, das schulische Curriculum mitzubestimmen, müssen aber hierfür kompetent »gemacht werden«.
- Einerseits können die Schülerinnen und Schüler entsprechend ihrer eigenen Interessen und Neigungen arbeiten, andererseits gibt der schulische Kontext einen zeitlichen Rahmen sowie (Bewertungs-)Kriterien vor, anhand derer die Aufgabe zu erfüllen ist.
- Die Bewältigung des Bearbeitens eines selbst gewählten Themas stellt hohe Anforderungen an die Leistungsbereitschaft, das Wissen und Können der Schülerinnen und Schüler und deren Durchhaltevermögen. Hier stellt sich die Frage, inwieweit eine Strukturierung bzw. Standardisierung vonseiten der Lehrperson notwendig ist bzw. wieviel Selbstbestimmung vonseiten der Schülerinnen und Schüler tatsächlich möglich ist.

6.2.3 Aufgaben zur Ko-Konstruktion im jahrgangsübergreifenden Lerntandem

Bereits in Kapitel 5 wurde am Beispiel der auf Ko-Konstruktion ausgelegten Aufgabe zum Thema »Obst und Gemüse« aufgezeigt, wie sich Kinder im jahrgangsübergreifenden Lerntandem miteinander austauschen (▶ Kap. 5). Die Auswahl bzw. Gestaltung von Aufgaben spielt eine entscheidende Rolle in Bezug auf die Initiierung ko-konstruktiver Lernprozesse. Viele Aufgaben, wie beispielsweise Lückentexte oder Aufgaben, die nur eine richtige Lösung zulassen, sind hierfür nicht geeignet. Aufgaben, die zum Fragen der Kinder herausfordern, können als Möglichkeit der Individualisierung betrachtet werden, wenn sie beispielsweise dazu anregen, eigenes Vorwissen im Lerntandem abzugleichen oder durch Fragen zur Erweiterung eigenen Wissens beitragen. Die gegenseitige Ergänzung verschiedener Wissens- und Interessensbereiche können Schülerinnen und Schüler zum intensiven Austausch inspirieren.

Mit der Formulierung eigener Fragen können die Schülerinnen und Schüler an der inhaltlichen Gestaltung des Unterrichts partizipieren und zugleich entsprechend ihrer eigenen Lernvoraussetzungen miteinander arbeiten. Aufgaben zur Ko-Konstruktion können sowohl Teil eines selbst gewählten Themas sein, als auch als Teilaufgaben in Arbeitsplänen vorhanden sein. Insofern sind sie ebenfalls entsprechend der obigen Ausführungen im Hinblick auf ihre Ermöglichung individualisierten Lernens zwischen standardisierter Vorgabe und selbstbestimmtem Lernen zu befragen.

Aufgaben zur Ko-Konstruktion zwischen Individualisierung und Standardisierung

- Die Schülerinnen und Schüler haben die Möglichkeit, eigene Ideen zur Aufgabe beizutragen, müssen aber für die Kooperation kompetent »gemacht werden«.
- Einerseits können die Schülerinnen und Schüler entsprechend ihrer eigenen Vorstellungen arbeiten, müssen jedoch die schulischen Anforderungen erfüllen.

Die Bewältigung des ko-konstruktiven Bearbeitens einer Aufgabe stellt hohe Anforderungen an die Leistungsbereitschaft, das Wissen und Können der Schülerinnen und Schüler sowie deren soziale Kompetenzen. Hier stellt sich die Frage, inwieweit ein selbstorganisiertes Arbeiten möglich ist, ohne dass die Lehrperson strukturierend (und unterstützend) »eingreift.«

Zusammenfassend ist festzuhalten, dass die drei Perspektiven auf individualisiertes Lernen in der Schule auf zwei sich widersprechende Seiten aufmerksam gemacht haben:

> »Einerseits gilt es am Individuum anzusetzen, seine Selbstständigkeit zu fördern, die Persönlichkeitsentwicklung zu unterstützen, das individuell Mögliche herauszufordern, an-

dererseits geht es um Interaktion mit anderen, um Toleranz unter Verschiedenen, um das notwendige soziale Miteinander und um eine gemeinsame Wissens- und Kompetenzbasis als Verständigungsgrundlage« (Bräu 2005, 138).

Wie sollen Lehrkräfte mit diesen Widersprüchlichkeiten umgehen? Lehrerinnen und Lehrer benötigen das Bewusstsein darüber, dass die Widersprüchlichkeiten nicht auflösbar sind. Das Wissen um die Unvereinbarkeit der Anforderungen an Individualisierung und die sich daraus zwangsläufig ergebende Unvollkommenheit ihres Handelns kann für Lehrerinnen und Lehrer zwar eine Belastung darstellen, aber auch entlastend wirken (vgl. ebd.). Darüber hinaus können diese Spannungsfelder dazu anregen, über individualisierende Unterrichtsarrangements zu reflektieren und diese im Hinblick auf ihre Adaptivität und Mitbestimmungsmöglichkeiten durch die Kinder immer wieder neu zu überdenken.

6.3 Ausgewählte Unterrichtsarrangements

Im Folgenden werden zwei Unterrichtsarrangements aus dem jahrgangsübergreifenden Unterrichtskontext vorgestellt, die sich dem Bereich »Arbeitsplan« (Lernwege) und dem Bereich »Aufgaben zur Ko-Konstruktion im jahrgangsübergreifenden Lerntandem« (Kooperative Erarbeitung eigener Fragen) zuordnen lassen. Die Unterrichtsarrangements werden daraufhin befragt, inwieweit sie für jahrgangsübergreifenden Unterricht praktikabel sind (Diagnostik und Förderung) und welchen Beitrag sie zum wechselseitigen Austausch und zur Partizipation im Unterricht leisten.

6.3.1 Lernwege

Unter »Lernwegen« kann ein systematisch aufgebauter Arbeitsplan verstanden werden, bei dem die einzelnen Abschnitte in einer festgelegten Reihenfolge zu bearbeiten sind. Damit soll der Aufbau eines Grundlagenwissens vom Leichten zum Schwierigen bzw. vom Einfachen zum Komplexen erfolgen. Bildlich gesprochen ist ein Lernweg in einzelne »Straßen«, aufgegliedert, die verschiedene Arbeitsaufträge und daher auch Materialien enthalten. Die Aufträge bauen hinsichtlich der zu erwerbenden Kompetenzen aufeinander auf.

Die folgenden Ausführungen zu dieser Methode stützen sich auf die Broschüre zu den Lernwegen für den jahrgangsübergreifenden Unterricht von Gaby Plachy (2015), die eine Modifikation der Vorschläge zur Unterrichtsentwicklung für die Schuleingangsphase von Mechthild Pieler und Claudia Wenzel (2013) darstellt.

Danach wird das Arbeiten nach dem Lernwegprinzip in denjenigen Bereichen eingesetzt, in denen der Anteil des zu Übenden sehr umfangreich ist. Das gilt für das Fach Deutsch mit den Lernwegen Lesen, Rechtschreibung und Grammatik sowie für Mathematik mit dem Lernweg Grundrechenarten.

Die Inhalte des Rahmenplans[41] für drei Jahrgangsstufen (im Fall der Modifikation der Lernwege für die Jahrgangsmischung von Klasse 1 bis 3) werden in Kompetenzen aufgeteilt, in Teilkompetenzen aufgeschlüsselt und durch entsprechende Arbeitsmaterialien fundiert. Vielseitige Differenzierungsmaterialien sollen hier zum motivierten Lernen beitragen.

Im folgenden Überblick wird der Lernweg als Teilbereich des Deutschunterrichts in den Bereichen Rechtschreibung und Grammatik sowie Lesen im Verhältnis zu weiteren Arbeitsformen im Deutschunterricht veranschaulicht. Diese sind unterteilt in Arbeitsformen, wie des kooperativen und entdeckenden Lernens, und in kompetenzorientierte Werkstätten, in denen ausgewählte Inhalte aus dem deutsch- und sachunterrichtlichen Bereich thematisiert werden. Außerdem umfasst die Übersicht inhaltliche Schwerpunkte, wie Freies Schreiben und Aufsatzerziehung.

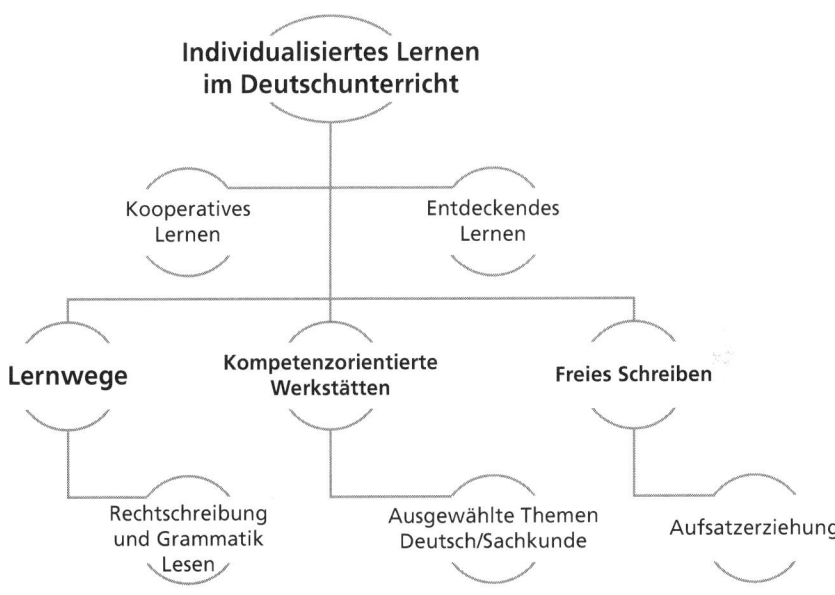

Abb. 4: Übersicht zu Lernwegen (Plachy 2015, 6)

Die zu erarbeitenden Kompetenzen eines Lernweges werden sichtbar in der Klasse angebracht beispielsweise beim Lesen: 1. Wörter lesen, 2. Sätze lesen, 3. Texte lesen, 4. schwierige Texte lesen (vgl. ▶ Abb. 5). Die Formulierung der Kompetenzen bezieht sich entsprechend der Jahrgangsmischung auf die Unterrichtsinhalte von drei Schuljahren. Ein Lernweg ist unterteilt in einzelne »Strecken«, die verschiedene Arbeitsaufträge und daher auch Materialien enthalten. Wiederkehrende Arbeitsformen und Materialien sollen den Schülerinnen und Schülern Sicher-

---

41 Gemeint ist der Rahmenplan von Berlin-Brandenburg.

heit vermitteln. Die Arbeitsaufträge bauen hinsichtlich der zu erwerbenden Kompetenzen aufeinander auf. Die wachsende Eigenverantwortung, das Setzen eigener Schwerpunkte und die damit verbundenen Ergebnisse sollen die Schülerinnen und Schüler dabei unterstützen, ihre Selbstkompetenz zu erweitern.

Auf der nachfolgenden Abbildung sind zwei Strecken (Wörter lesen, Sätze lesen) zu sehen, die die verschiedenen Arbeitsaufträge in Form von Symbolkarten anzeigen. Die zurückgelegte Strecke der Schülerinnen und Schüler werden durch die verschiedenen Magnetzeichen unter den Symbolkarten dargestellt.

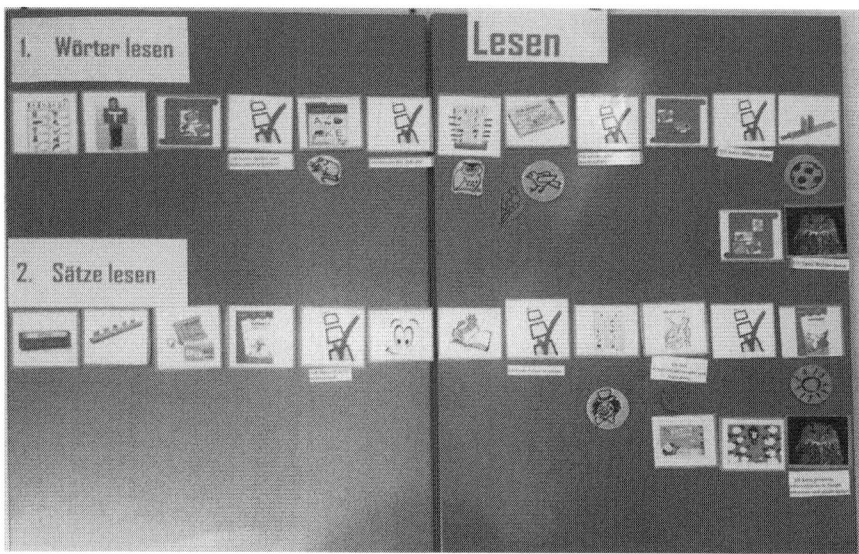

Abb. 5: Ausschnitt aus einem Beispiel zu den Lernwegen Lesen (eigene Fotografie)

Die an einer Magnettafel angeordneten Bildkarten symbolisieren eine bestimmte Aufgabe, die beispielsweise auch in Form eines Lesespiels erfüllt werden kann. Die Schülerinnen und Schüler verfügen über einen sogenannten »Lernpass« der entsprechend der Aufgaben an der Magnettafel einen Überblick über die Aufgaben gibt, sodass das zugehörige Material im Arbeitsregal zu finden ist. Der Lernpass dient auch der Überprüfung des Lernpensums. Die Schülerinnen und Schüler besitzen magnetische Symbole, die sie entsprechend ihres Lernfortschritts (nach Erledigung verschiedener Aufgaben) weiter setzen. Regelmäßige Tests ermöglichen einen Überblick über die Wissensstände der Schülerinnen und Schüler. Auch für die Rückmeldung an die Eltern sind Tests und Lernpässe von Bedeutung, um ihnen zeigen zu können, was ihr Kind erreicht hat. Ein Vergleich innerhalb der Gruppe (bzw. Gleichaltrigen) ist nicht vorgesehen. Die Tests können zu unterschiedlichen Zeitpunkten, die von den Schülerinnen und Schülern selbst festgelegt werden, geschrieben werden. Damit haben sie die Möglichkeit, gezielt zu üben und ihren eigenen Lernstand einzuschätzen.

Sowohl die Lernziele als auch die Inhalte sind für die Schülerinnen und Schüler zu jeder Zeit transparent und dienen der Motivation und Reflexion. An einigen Stellen innerhalb des Lernweges gibt es die (gekennzeichnete) Möglichkeit, sich zwischen mehreren Materialien zu entscheiden. Ebenso kann nach Absprache mit der Lehrperson die Entscheidung getroffen werden, eine Aufgabe zu überspringen, oder zusätzliches Fördermaterial zur Unterstützung zu bekommen, das sich nicht im Arbeitsregal befindet. In die Verantwortlichkeit der Schülerinnen und Schüler rückt dabei zunehmend die Entscheidung für unterschiedliche Niveaustufen desselben Themas bzw. Materials.

Zur Verfügung stehen Lernmaterialien mit Selbstkontrolle, Arbeitshefte, Arbeitsblätter, Bücher und Lernspiele. Einige Arbeitsmaterialien beinhalten bereits verschiedene Schwierigkeitsgrade, andere sind in drei Niveaustufen unterteilt (z.B. Ordner mit Lesetexten). Kooperatives Lernen findet statt, indem sich die Schülerinnen und Schüler gegenseitig helfen und/oder ihre Aufgaben in der vorgesehenen Partner- oder Gruppenarbeit bearbeiten.

Struktur, Ordnung und Übersicht haben eine zentrale Bedeutung, damit sich die Schülerinnen und Schüler zurechtfinden und selbsttätig arbeiten können. Die Auswahl und Anordnung der Arbeitsmaterialien innerhalb des Klassenraums vor Beginn der Arbeit mit Lernwegen sind mit erheblichem Aufwand für die Lehrkraft verbunden. Das heißt, Ziele, Inhalte oder zu erlernende Kompetenzen zu Beginn festlegen zu müssen (vgl. Handlungsbereiche für Lehrkräfte ▶ Kap. 6.1). Die Kooperation von Lehrkräften kann eine Arbeitsteilung unterstützen, sodass sowohl Inhalte als auch der Aufbau und die Organisation im gegenseitigen Austausch diskutiert und entwickelt werden, wie z.B. der systematische Aufbau eines Lernweges, die Übersicht im Klassenraum oder die Anordnung und Beschriftung der Materialien[42] (▶ Abb. 6).

Aufgrund der Jahrgangsmischung ist nur eine einmalige Einrichtung des Klassenraums mit Materialien zu den Lernwegen notwendig. Das jährlich wiederkehrende Handeln der Pädagoginnen und Pädagogen »schärft den Blick für einzelne Schülerinnen und Schüler und steigert die diagnostischen Fähigkeiten« (Plachy 2015, 8). Aufgrund des zunehmend selbstständigen Handelns der Schülerinnen und Schüler haben die Lehrkräfte zunehmend mehr Zeit, sich einzelnen Kindern zuzuwenden, um sie mit fundierten Rückmeldungen zu unterstützen und in individuellen Lerngesprächen die nächsten Lernmöglichkeiten aufzuzeigen (vgl. ebd., 12 und fünf Handlungsbereiche für Lehrkräfte ▶ Kap. 6.1).

---

42 Deutlich wird hier der Bezug zur Pädagogik Maria Montessoris (▶ Kap. 2.3), der die Zugänglichkeit und Strukturierung der Arbeitsmaterialien ein besonderes Anliegen war.

Abb. 6: Materialien zu den Lernwegen (eigene Fotografie)

Reflexionen zur Individualisierung

Die Methode der Lernwege, die sich in Verbindung mit dem jahrgangsübergreifenden Unterricht aufgrund der Vorgabe unterschiedlicher Niveaustufen in der Unterrichtspraxis realisieren lässt, kann einerseits als eng geführtes, standardisiertes Programm eingeschätzt werden, das die Schülerinnen und Schüler gemäß ihrer Lernvoraussetzungen und Lernfortschritte zu absolvieren haben. Andererseits enthält das Programm Wahlmöglichkeiten, die zumindest an einzelnen Wegstrecken den Schülerinnen und Schülern Mitentscheidungsmöglichkeiten einräumen. Darüber hinaus enthält das Programm kooperative Aufgaben, durch die die Schülerinnen und Schüler (nach Wahl) miteinander in Austausch treten können. Auch wenn die Magnetzeichen, die klassenöffentlich je nach Wegstrecke an der Wand fixiert sind, mit Symbolen und nicht mit den Namen der Schülerinnen und Schüler versehen sind, bleibt die Frage offen, inwieweit die Schülerinnen und Schüler nicht doch in einen Wettbewerb untereinander treten. Damit würde sich die Intention der Individualisierung im Extremfall eher in eine Standardisierung bzw. einen Konkurrenzdruck verkehren. Mit Blick darauf, dass die Lernwege einen Rahmen umfassen, in dem es um die Einübung von Grundvoraussetzungen geht, können sie dennoch Lehrkräften, wie auch Schülerinnen und Schülern und deren Eltern dazu verhelfen, Wissenslücken rechtzeitig zu erkennen. Die Aufgabe der Lehrkräfte, diagnostisch tätig zu werden, um die Kinder beim Kompetenzerwerb in diesen Grundvoraussetzungen zu fördern, kann die Konzeption des Lernwegs sicherlich unterstützen.

6.3.2 Kooperative Erarbeitung eigener Fragen

Bei der kooperativen Erarbeitung eigener Fragen stehen die Interessen und das Vorwissen der Schülerinnen und Schüler im Zentrum, sodass sie über Inhalte und Ziele ihres Lernens mitbestimmen können. Mit Blick auf Kooperation geht es darum, »Fähigkeiten, Fertigkeiten und Wissen in der aktiven, sozialen Auseinandersetzung mit anderen Kindern zu erlernen und gemeinsam Sichtweisen, Wissensstrukturen und Bedeutungen zu vergleichen, sich gegenseitig zu erklären, zu diskutieren oder Probleme zu lösen« (Wittich 2017, 62).

Kooperative Aufgaben bieten sich insbesondere für jahrgangsübergreifende Lerntandems an, da die Schülerinnen und Schüler dadurch herausgefordert werden, sich über ihre (unterschiedlichen) Sichtweisen auszutauschen, kooperative Erfahrungen zu sammeln und sich in Kooperation zu üben.

Wie in Kapitel 5 bereits erwähnt, kann hier die Bedeutung von Arbeitsteilung aufgrund unterschiedlicher Fähigkeiten erfahren werden, sodass gemeinsame Lösungen entstehen können (▶ Kap. 5).

Die Arbeit im Lerntandem stellt die »intensivste Interaktionsform dar, da sich die Lernenden nur auf eine*n Teampartner*in einstellen müssen« (ebd., 80). In vielen kooperativ-strukturierten Lernformen lassen sich nicht nur wechselseitige Phasen wiederfinden, sondern auch das dreischrittige Grundprinzip »Think-Pair-Share« (Brüning & Saum 2008, 83ff.). In der ersten Phase (Think) werden entweder unterschiedliche oder inhalts- und strukturähnliche Aufgaben bearbeitet (vgl. Wittich 2017, 80). Daran schließt sich die Austauschphase (Pair) an, in der Gedanken, Ideen, Entdeckungen, Lösungswege, Vorgehensweisen etc. ausgehandelt werden. Auch eine gemeinsame Weiterarbeit kann hier erfolgen. In der letzten Phase (Share) präsentieren sich die Schülerinnen und Schüler gegenseitig im Plenum oder in einer Kleingruppe ihre Ergebnisse, reflektieren sie und geben sich eventuell Feedback (vgl. ebd.).

In Lerntandems können sich die Schülerinnen und Schüler wechselseitig auf die inhaltliche und soziale Auseinandersetzung konzentrieren. Mit dieser formellen, durch die Lehrperson geplante methodische und inhaltliche Strukturierung des Fachinhalts wird für die Schülerinnen und Schüler das Lernen entsprechend eigener Interessen angebahnt. Gleichzeitig werden soziale Kompetenzen als Lernvoraussetzung berücksichtigt. Das Unterrichtsarrangement des »Erarbeitens von Fragen im Lerntandem« eignet sich beispielsweise als Einstieg in ein neues Thema und wird im Folgenden anhand einer Aufgabe veranschaulicht.

Kontext und Aufgabe

Die Schülerinnen und Schüler einer jahrgangsübergreifenden Klasse hatten sich in Absprache mit der Lehrerin auf ein Projekt zum Themenbereich »Pinguine« verständigt. Um das Vorwissen und die besonderen Interessen der Schülerinnen und Schüler am Thema zu erfassen, wurden in jahrgangsübergreifenden Lerntandems Aufgaben bearbeitet, die auf einem Arbeitsblatt notiert waren. Jeweils ein Lerntandem erhielt nur ein Aufgabenblatt, das zusammen bearbeitet wurde

Pinguine

1) Überlegt zusammen: Was wisst Ihr schon über Pinguine?

2) Schreibt es auf. Ihr könnt auch dazu zeichnen.

3) Was wollt Ihr noch über Pinguine wissen? Schreibt Eure Fragen auf.

Wir wollen wissen was sie noch essen assor fische? Wie sehen sie auss wenn sie schlupfen? Wie gehen sie auf die Torlete?

Abb. 7: Dokumentation des Vorwissens und eigener Fragen zum Themenbereich »Pinguine« I (eigene Fotografie)

Pinguine

1) Überlegt zusammen: Was wisst Ihr schon über Pinguine?

2) Schreibt es auf. Ihr könnt auch dazu zeichnen.

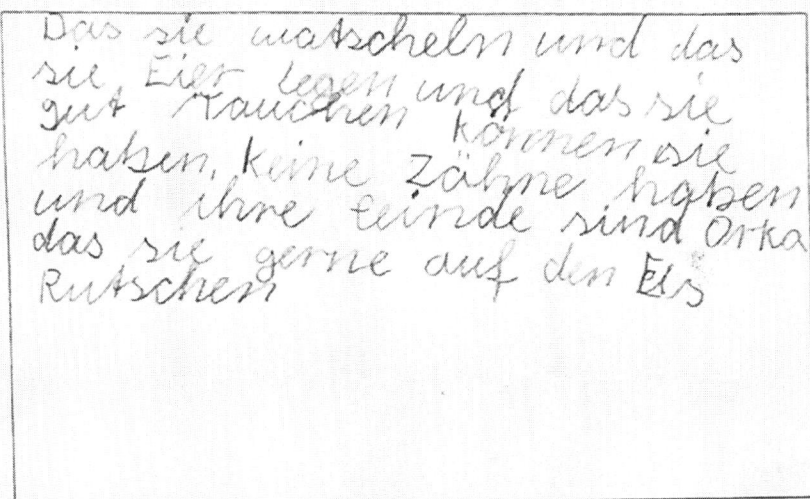

3) Was wollt Ihr noch über Pinguine wissen? Schreibt Eure Fragen auf.

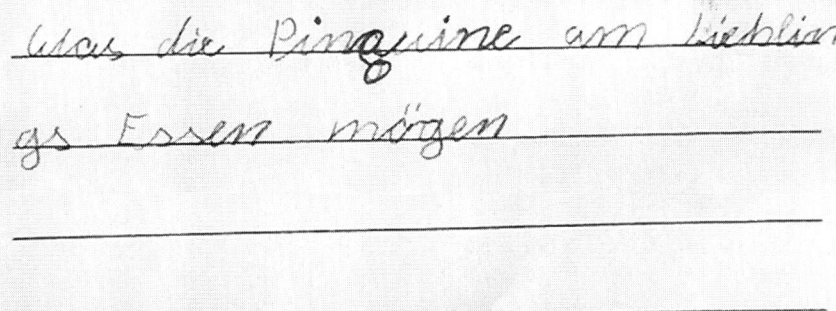

Abb. 8: Dokumentation des Vorwissens und eigener Fragen zum Themenbereich »Pinguine« II (eigene Fotografie)

(▶ Kap. 5). Auf diese Weise waren die Schülerinnen und Schüler besonders gefordert, ihren Arbeitsprozess miteinander auszuhandeln.

Ähnlich der Struktur des Think, Pair und Share sollten die Schülerinnen und Schüler zunächst ihr Vorwissen aktivieren und sich mündlich darüber austauschen. Im Anschluss daran sollten sie ihr Wissen schriftlich oder bildlich festhalten und zuletzt eigene Fragen über weitere Interessensgebiete stellen.

Den Arbeitsblättern lässt sich entnehmen, wie unterschiedlich die Lerntandems die Aufgaben bearbeitet haben. Während auf dem ersten Arbeitsblatt (▶ Abb. 7) die Schülerinnen und Schüler ihr Vorwissen schriftlich und zeichnerisch festgehalten haben, wurde auf dem zweiten Arbeitsblatt (▶ Abb. 8) ausschließlich geschrieben. Das (notierte) Vorwissen der Schülerinnen und Schüler weist folgende Unterschiede auf:

Auf dem ersten Arbeitsblatt (▶ Abb. 7) wird die Tätigkeit von Pinguinen thematisiert, die in einem vollständigen Satz »der Sprung ins Wasser, wenn die Fische kommen« beschrieben wird. Es wird also auf die Fortbewegungsart (Sprung auf dem Bauch), den Lebensraum (Wasser) und die Ernährung (hier kann unterstellt werden, dass damit die Fische gemeint sind) von Pinguinen Bezug genommen. Auf dem zweiten Arbeitsblatt (▶ Abb. 8) werden, einleitend mit den Worten »dass sie«, folgende Aspekte zu Pinguinen aufgezählt: Fortbewegungsart der Pinguine (watscheln, tauchen, auf dem Eis rutschen), Fortpflanzung (Eier legen), besondere Körpermerkmale (keine Zähne) und der Feind des Pinguins (Orca).

Die weiteren Fragen, die von den Kindern gestellt wurden, lassen sich auf dem ersten Arbeitsblatt (▶ Abb. 7) unterscheiden in Fragen zur Ernährung (außer Fische), zur Geburt (wenn sie schlüpfen) und zum Stoffwechsel (auf Toilette gehen). Dass Pinguine Eier legen, gehört vermutlich auch zum Vorwissen, da vom Schlüpfen die Rede ist. Auf dem zweiten Blatt (▶ Abb. 8) wurde nur eine einzige weitere Frage nach dem »Lieblingsessen« gestellt. Dies könnte im Zusammenhang mit dem schon recht speziellen Vorwissen stehen, das (zunächst) nur eine Frage entstehen ließ.

Anschlusskommunikation und individuelle Themenwahl

Durch die Anschlusskommunikation im Klassenplenum (Kreis) konnte aufgrund des Vorwissens der Schülerinnen und Schüler und durch die Formulierung ihrer Fragen ein intensiver Austausch entstehen (Share). Hier war es möglich, Nachfragen zu stellen oder die Fragen der Anderen zu beantworten bzw. zu ergänzen. Die Lehrerin beteiligte sich als Moderatorin und als Impulsgeberin für das Bilden von Fach- bzw. Oberbegriffen, mit denen sie die Ergebnisse des Plenums strukturierte. Sie fertigte parallel zu den Aussagen der Schülerinnen und Schüler ein Mindmap an der Tafel an, das folgende Teilthemen entsprechend der Fragen und Beiträge der Schülerinnen und Schüler enthielt (▶ Abb. 9).

Über die Teilthemen hinaus entstanden weitere Fragen etwa zur Artenvielfalt, zum Artenschutz, zu den Lebensbedingungen etc., sodass sich die Schülerinnen und Schüler selbst Themen auswählen und diese in individuellen Projekten vertiefend bearbeiten konnten.

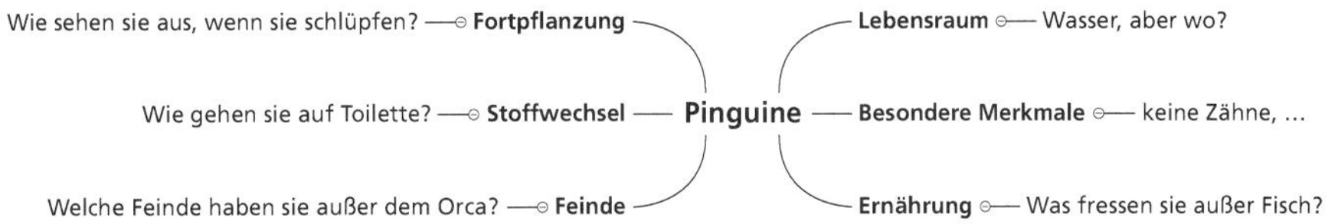

```
Wie sehen sie aus, wenn sie schlüpfen? ──○ Fortpflanzung ─┐        ┌─ Lebensraum ○── Wasser, aber wo?
                                                           \      /
Wie gehen sie auf Toilette? ──○ Stoffwechsel ── Pinguine ── Besondere Merkmale ○── keine Zähne, …
                                                           /      \
Welche Feinde haben sie außer dem Orca? ──○ Feinde ───────┘        └─ Ernährung ○── Was fressen sie außer Fisch?
```

Abb. 9: Mindmap zum Gespräch im Klassenplenum (eigene Darstellung)

Reflexionen zur Individualisierung

Das Unterrichtsarrangement des Fragenstellens im Lerntandem mit einer sich anschließenden Kommunikation im Klassenplenum ist als Methode zu betrachten, die Schülerinnen und Schüler auf strukturierte Weise dabei unterstützen kann, Wissen auszutauschen und eigene Fragen zu stellen, Fragen der Mitschülerinnen und -schüler wahrzunehmen und auch zu beantworten. Somit besteht auch die Möglichkeit, eigene Interessen zu entwickeln. Das Arbeiten in jahrgangsübergreifenden Lerntandems ermöglicht, trotz unterschiedlicher schulischer Erfahrungen, miteinander ins Gespräch zu kommen und dadurch zu Arbeitsergebnissen zu gelangen. In Bezug auf das Spannungsfeld der Individualisierung zwischen Selbstbestimmung und Standardisierung spielen die Vorgaben der Lehrperson eine wichtige Rolle. Je nach Grad der Strukturierung durch die Lehrperson kann der Grad an Wahlmöglichkeiten, die die Schülerinnen und Schüler haben, variieren. Gemeinsame Gesprächsrunden im Plenum erfordern eine Kommunikationskultur, die die Schülerinnen und Schüler zum Fragen ermutigt und auch unvollständige bzw. »fehlerhafte« Vorkenntnisse zulässt, um darüber einen fachlichen Austausch anzuregen. Die sich anschließende individuelle Projektarbeit überlässt es den Schülerinnen und Schülern, ein Thema ihrer Wahl zu bearbeiten. Damit trägt die jahrgangsübergreifende Zusammenarbeit zum eigenverantwortlichen Arbeiten bei.

6.4 Abschließende Überlegungen

Das individualisierte Lernen im jahrgangsübergreifenden Unterricht stellt sowohl an Lehrkräfte als auch an Schülerinnen und Schüler einige Anforderungen. Für Lehrpersonen bedeutet die Übertragung von Eigenverantwortung und Mitsprache an die Schülerinnen und Schüler, dass sie diese in der Wahrnehmung ihrer Möglichkeiten unterstützen. Dazu gehört auch, die persönliche Offenheit zuzulassen, dass Schülerinnen und Schüler eigene Interessen verfolgen, eigensinnig sind und sich als Individuum von anderen abgrenzen wollen (vgl. Bräu 2005, 139). Das Vertrauen in die Schülerinnen und Schüler zu haben, dass sie selbstständig arbeiten können bzw. sich dahingehend entwickeln werden, ist eine weitere Voraussetzung dafür, Mitbestimmung und Eigenverantwortung anzubahnen. Damit verbunden ist, den Überblick zu haben, wo sich die Schülerinnen und Schüler in ihrem Arbeitsprozess befinden, um sie entsprechend beraten zu können. Hierfür ist auch ein Unterrichtsarrangement notwendig, das selbstständiges Arbeiten der Schülerinnen und Schüler begünstigt und der Lehrperson dadurch Zeit für Beobachtungen und Unterstützungsmöglichkeiten verschafft.

Das eigenständige, eigenverantwortliche Arbeiten steht jedoch – zumindest teilweise – im Konflikt mit den Lernanforderungen, Lernzielen, Bildungsstandards und Prüfungsmodalitäten, die als Qualitätsmaßstäbe von der Gesellschaft an die Schule herangetragen werden. Die Schülerinnen und Schüler sollen zwar im Sinne von Chancengleichheit mit inhaltlichen und sozialen Anforderungen konfrontiert werden, »die über die bisherige Erfahrungswelt der SchülerInnen hinausreichen« (ebd., 140). Allerdings lässt das schulische Beurteilungssystem kaum eine Bewertung zu, die das einzelne Kind individuell in seinem Lernfortschritt betrachtet. Eine Ausnahme bilden (Grund-)Schulen, die auf die Notengebung verzichten und stattdessen verbale Beurteilungen oder Lernentwicklungsberichte verfassen.

Die Herausforderung für Lehrkräfte, Leistungen bewerten zu müssen, ist damit jedoch nicht geschmälert. Denn

> »die Bewertung individuellen Lernens ist in jedem Fall eine paradoxe Aufgabe, da Bewertungen gleichzeitig Unterstützungssysteme im Sinne von Rückmeldungen für eine erbrachte Leistung, die Auswirkungen auf das weitere Lernen haben sollen, und andererseits eine Einstufung, die Chancen verteilt, darstellen« (ebd., 141).

Insofern stellt sich die Frage, wie Lehrkräfte diese paradoxe Aufgabe erfüllen können.

Eine wichtige Bedeutung kommt individualisierenden Unterrichtsarrangements zu. Am Beispiel der Lernwege wurde eine Möglichkeit aufgezeigt, wie Lehrkräfte durch strukturierte Vorgaben, die an einzelnen Punkten dennoch differenzierte Vorgehensweisen zulassen, einen gewissen Überblick über den Lernstand ihrer Schülerinnen und Schüler behalten. Eingeplante, von den Schülerinnen und Schülern selbst terminierte Tests, aber auch unterstützende Begleitungen und Leistungsrückmeldungen in Form von Lerngesprächen im Unterricht, können den Schülerinnen und Schülern ihren Leistungsstand transparent werden lassen und sie zur Überarbeitung von Fehlern ermutigen. Das kooperative Erarbeiten einer Fragestellung in der oben dargestellten Form, die die Artikulation eigener Fragen der Schülerinnen und Schüler in den Mittelpunkt stellt, kann insbesondere in jahrgangsübergreifenden Lerntandems dazu beitragen, Ziele und Inhalte selbstbestimmt zu formulieren. Auch Qualitätskriterien können von den Schülerinnen und Schülern bzw. gemeinsam mit ihnen festgelegt werden, sodass sie sich im Arbeitsprozess und bei der Präsentation ihrer Arbeiten orientieren können.

Festzuhalten bleibt, dass die Handlungskompetenz der Lehrkräfte darin besteht, die paradoxen Aufgaben zwischen Individualisierung und Standardisierung immer wieder auszubalancieren, und sich dieses unausweichlichen Balanceakts bewusst zu sein.

7 Vom jahrgangshomogenen zum jahrgangsgemischten Unterricht: Ein Innovationsprozess

Die Umstellung vom jahrgangshomogenen zum jahrgangsgemischten Unterricht stellt eine Innovation dar, die mit weitreichenden Entwicklungen der Schule verbunden ist. Innovations- und Schulentwicklungsprozesse werden als systemisches Geschehen betrachtet und aus verschiedenen Blickrichtungen wie Personal-, Unterrichts- und Schulentwicklung sowie Regionalentwicklung untersucht (vgl. Kamski & Schnetzler 2008, 161).

Wie kommt es zum Innovationsprozess, wie lässt er sich beschreiben und wie kann er bewältigt werden? Diesen Fragen widmet sich dieses Kapitel, indem zunächst aus schulentwicklungstheoretischer Sicht geklärt wird, was unter Innovations- und Implementierungsprozessen zu verstehen ist und welche Bedingungen zum Gelingen beitragen (▶ Kap. 7.1). Auf Basis von Interviews mit Schulleitungen werden deren Wahrnehmungen und Vorstellungen zur Umsetzung jahrgangsübergreifenden Unterrichts nachvollzogen und praxisnahe Einblicke dazu gegeben (▶ Kap. 7.2). Abschließend werden die Interviewergebnisse im Kontext der Innovationsperspektive betrachtet und zusammengefasst (▶ Kap. 7.3). Mit diesen Ausführungen werden sowohl die Prozesshaftigkeit der Einführung von Jahrgangsmischung verdeutlicht als auch aufgezeigt, inwiefern diese Prozesse von Gemeinsamkeiten, aber auch unterschiedlichen Vorstellungen, Bedingungen und Handlungspraktiken geprägt sind und welche Bedingungen zum Gelingen von Innovationsvorhaben beitragen können.

7.1 Innovationen und deren Implementierung

Bei den Begriffen »Innovation« und »Implementierung« handelt es sich um Begriffe, die im Kontext von Schulentwicklung und Schulqualität eine bedeutende Rolle spielen (vgl. Goldenbaum 2012, 69). Da ihnen Erneuerungs- bzw. Verbesserungsabsicht zugeschrieben wird, sind sie meist positiv konnotiert (vgl. Bormann 2011, 42) und werden als »Prädikat, Motor oder Indikator für Entwicklung und Modernisierung verwendet« (Goldenbaum 2012, 69). Kritisch zu betrachten ist dabei, dass Erneuerung nicht per se mit Qualitätsverbesserung gleichzusetzen ist (vgl. Holtappels 2013, 45). Im Folgenden wird auf das Begriffsverständnis von Innovation und Implementation näher eingegangen, bevor Bedingungen ihres Gelingens in den Blick genommen werden.

7.1.1 Zum Begriffsverständnis von Innovation im schulischen Kontext

Für den Begriff der Innovation liegt aus erziehungswissenschaftlicher Sicht keine eindeutige Definition vor. Dennoch beziehen sich viele Erläuterungen auf Innovation als »eine *Erneuerung* bestehender Praxis, was der Begriffsherkunft (lat.: innovare) bereits innewohnt« (Schäfer 2018, 29). Innovationen lassen sich nach Hunneshagen (2005, 17) definieren als »geplante Prozesse, mit dem Ziel einer wünschenswerten Veränderung bzw. Verbesserung, die zu einer signifikanten Änderung im Status quo führen.« Zapf (1994) definiert Innovationen als »neue Wege, Ziele zu erreichen, insbesondere neue Organisationsformen oder Regulierungen, neue Lebensstile, die die Richtung des sozialen Wandels verändern, Probleme besser lösen als frühere Praktiken, und die deshalb wert sind, nachgeahmt und institutionalisiert zu werden« (ebd., 33). Anhand dieser Definitionen wird deutlich, dass es bei Innovationen um geplante Maßnahmen geht, die Veränderungen bzw. Verbesserungen herbeiführen sollen. Darüber hinaus kommt nicht nur die Komplexität, sondern auch die Prozesshaftigkeit zum Ausdruck, die in Veränderungen liegen. In prozessorientierter Perspektive steht der Ablauf einer Innovation von der Ideengenerierung über die Ideenselektion bis zur Ideenrealisierung im Mittelpunkt der Betrachtung (vgl. Goldenbaum 2012, 82). Ob die intendierten Veränderungen bzw. Verbesserungen tatsächlich auch Wirkungen erzielen, kann erst durch die Übertragung in die Praxis beurteilt werden. Der Prozess der Übertragung wird als Implementierung oder Implementation bezeichnet und ist Gegenstand des folgenden Abschnitts.

7.1.2 Zum Begriffsverständnis von Implementierung schulischer Innovationen

Der Prozess der Überführung von Innovationen in die schulische Praxis wird als Implementierung bzw. Implementation (in Anlehnung an den englischen Begriff *implementation*) bezeichnet (vgl. ebd.). Die beiden Begriffe werden häufig synonym verwendet. Allerdings werden in Orientierung an grammatikalische Vorgaben Nuancen der Unterscheidung sichtbar. Mit der Wortendung »-tation« wird eher ein Ergebnis beschrieben, wohingegen mit der Wortendung »-ierung« eher ein prozessualer Verlauf ausgedrückt wird (vgl. Pilz 2018, 126). Da in diesem Kapitel die Prozesshaftigkeit im Vordergrund steht, wird der Begriff der Implementierung favorisiert. Fullans Definition hebt auf die Komplexität und Prozesshaftigkeit ab, die mit Implementierung verbunden sind: »Implementation consists of the process of putting into practice an idea, program, or set of activities and structures new to the people attempting or expected to change«[43] (Fullan 2007, 84).

---

43 Die Implementierung umfasst den Prozess, eine Idee, ein Programm oder eine Reihe von Aktivitäten und Strukturen, die neu sind oder den Versuch einer Änderung darstellen, in die Praxis umzusetzen (Übersetzung der Autorin).

Diese komplexe Aufgabe der Umsetzung kann anhand von Phasenmodellen, die aus der Implementationsforschung stammen, nachgezeichnet werden. Implementationsverläufe werden somit veranschaulicht und vereinfacht dargestellt. In der Regel handelt es sich um Drei- bzw. Vierphasenmodelle (Giaquinta 1973; Dalin, Rolff & Buchen 1996; Fullan 1991). Während in Vierphasenmodellen häufig abschließend die Phase der Evaluation (vgl. Goldenbaum 2012, 90) zu finden ist, beschränken sich Dreiphasenmodelle auf die drei Phasen der Initiation, der Implementation und der Institutionalisierung. Exemplarisch ist das Modell von Giaquinta (1973, 197) zu nennen, das wie folgt erläutert werden kann:

1. Initiationsphase: Diese Phase ist gekennzeichnet durch verschiedene Aktivitäten, die die Definition des zu lösenden Problems und die Auseinandersetzung mit verschiedenen Lösungsmöglichkeiten umfassen (vgl. ebd.). Informationen werden gesammelt, die Teilnehmenden werden motiviert mitzumachen, ein intensiver Austausch findet statt, Kontakte werden aufgebaut, Überzeugungsarbeit wird geleistet und die Beteiligten werden »mit auf den Weg« genommen (vgl. Kamski & Schnetzler 2008, 161). Bezogen auf die Einführung von Jahrgangsmischung ist diese Phase besonders intensiv, da es darum geht, alle pädagogischen Fachkräfte einer Schule (Lehrerinnen, Lehrer, Horterzieherinnen und -erzieher, weiteres pädagogisches Personal) wie auch Eltern, Schülerinnen und Schüler einzubeziehen und zu überzeugen.
2. Implementationsphase: Hier wird die Innovation entsprechend den Erwartungen der Akteurinnen und Akteure umgesetzt (vgl. Giaquinta 1973, 197). Neuerungen werden erprobt, angewendet und in das vorhandene System überführt. Dabei können gefasste Beschlüsse und Vorhaben durchaus revidiert oder modifiziert werden. Auch Unterstützungsmaßnahmen (z. B. Fortbildungen) können zur Implementierung beitragen (vgl. Kamski & Schnetzler 2008, 162).
3. Institutionalisierungsphase: Diese Phase bezeichnet den Prozess, der zur Stabilisierung oder Routinisierung der Innovation führt, sodass diese ein regulärer Teil der Schulorganisation wird (vgl. Giaquinta 1973, 197). Beispielsweise wird das Konzept der Jahrgangsmischung zur Alltagspraxis.

Das hier dargelegte Phasenmodell kann Aufschluss über den Verlauf von Implementationen von Innovationen geben und daher Orientierung in Bezug auf verschiedene Phasen des Ablaufs und deren Komplexität bieten. Allerdings sind auch einige Kritikpunkte anzuführen, die sich auf die vermeintliche Linearität von Innovationsprozessen beziehen. Zu wenig Berücksichtigung finden »rekursive Schleifen, Umwege und Rückschläge, die Innovationen bei ihrer Realisierung in der Praxis auch erfahren können« (Goldenbaum 2012, 93). Ein weiterer Kritikpunkt besteht darin, dass ein Phasenmodell den Eindruck erweckt, dass Innovationsprozesse planbar seien. Denn der Innovationsverlauf wird nicht immer von Anfang bis Ende durchlaufen und Veränderungsprozesse sind aufgrund ihrer Komplexität nicht exakt vorhersehbar (vgl. ebd.). Darüber hinaus ist mit Phasenmodellen das Problem verbunden, dass sich die »Zwischentöne« bzw. die unterschiedlichen Gestaltungen der Übergänge zwischen den Phasen nicht abbilden lassen (vgl. ebd.).

Trotz angeführter Kritikpunkte lässt sich festhalten, dass Phasenmodelle Orientierungspunkte im Hinblick auf die Wahrnehmung verschiedener Prozessabläufe bieten und »eine zulässige Vereinfachung und Möglichkeit der modellhaften Abbildung des Implementationsprozesses« (ebd., 94) darstellen können.

Für die Prozessdauer von Implementierungen wird von Desimone (2002, 455), die sich auf verschiedene Autorinnen und Autoren bezieht (z. B. Darling-Hammond 1988; Haynes 1998; Hess 1995), eine Zeitspanne von fünf bis zehn Jahren angenommen. Hameyer (1978) spricht im Falle von Bildungsinnovationen von 15 bis 20 Jahren und bei der Implementation einer Innovation in ein bestehendes System wird von Fullan (2007, 76) eine Dauer von fünf bis sieben Jahren angenommen. Damit zeigt sich die Komplexität eines Innovationsprozesses, der mehr ist als »die Einpflanzung eines neuen Inhaltes in das soziale System Schule« (Goldenbaum 2012, 116). Vielmehr erfolgt durch die Innovation eine Veränderung des gesamten schulischen Systems, in dem zahlreiche Faktoren wirken, die sich wiederum wechselseitig bedingen (vgl. ebd.). Zu bedenken ist auch, dass die Frage, inwieweit eine Innovation »erfolgreich« bzw. zur Routine geworden ist, erst nach einigen Jahren festzustellen ist. Welche Bedingungen tragen zum Erfolg bzw. Misserfolg von Innovationen bei? Mit der Beantwortung dieser Frage befasst sich der folgende Abschnitt.

7.1.3 Bedingungen für eine erfolgreiche Implementierung

Die Identifikation von Bedingungen des Gelingens wie des Misslingens kann dazu beitragen, (zukünftige) Implementierungsvorhaben erfolgreich zu gestalten (vgl. ebd., 89). Daher widmet sich dieser Abschnitt der Frage, wie eine Innovation erfolgreich im Bildungssystem implementiert werden kann. Hierzu findet sich in der Implementationsforschung eine reichhaltige Anzahl von Ergebnissen, die wiederum auf eine Vielzahl von Faktoren hinweisen, die zum Erfolg bzw. Misserfolg von Innovationen beitragen. Die Einflussfaktoren lassen sich auf den vier Merkmalsebenen der Innovation, der Lehrkräfte, der Schule und Bedingungen des Schulsystems zuordnen (vgl. ebd., 101). Diese Differenzierung, die auf Fullan (1982, 54ff.) zurückgeht, dient als Rahmenstruktur für neue Befunde der Implementationsforschung (vgl. Goldenbaum 2012, 101). Im Folgenden werden die Einflussfaktoren im Kontext der jeweiligen Merkmalsebenen zusammenfassend dargestellt (vgl. Gräsel 2010, 10–12):

1.   Merkmale der Innovation

Auf der Ebene der Innovation handelt es sich um die Frage, wie die Innovation selbst eingeschätzt wird. Wird die Innovation von den beteiligten Akteuren akzeptiert bzw. als vorteilhaft betrachtet oder eher abgelehnt? Innovationen, die nicht im Einklang mit den Werten und Überzeugungen der Akteurinnen und Akteure stehen, haben insgesamt schlechtere Chancen im System auch wirklich implementiert zu werden. Wird hingegen ein relativer Vorteil der Innovation gegenüber der bisherigen Praxis erkannt, sind die Chancen der Umsetzung wesentlich größer. Ist die Innovation einfach und ohne höheren Aufwand umzusetzen, so lässt sie sich relativ leicht implementieren, da gewohnte Handlungsroutinen nicht unbedingt verändert werden müssen. Bei einer schrittweisen Einführung von komplexen Innovationen lassen sich diese leichter implementieren, da sie weniger bedrohlich wirken.

Insgesamt ist festzuhalten, dass die Merkmale einer Innovation nicht als absolute Größe, sondern relativ zu verstehen sind (vgl. Goldenbaum 2012, 104). So kann für die eine Schule die Gestaltung offenen Unterrichts und Formen der Binnendifferenzierung bereits selbstverständlich sein, während sich eine andere Schule grundsätzlich mit differenzierenden Unterrichtsformen auseinandersetzen muss.

2. Merkmale der pädagogischen Fachkräfte

Bei der Entscheidung, ob eine Innovation umgesetzt wird, spielen die pädagogischen Fachkräfte eine herausragende Rolle, da sie die unmittelbar Handelnden sind. Danach bestimmen sowohl individuelle Aspekte als auch kollektive Faktoren auf Seiten der Lehrkräfte den Erfolg von Implementationsvorhaben. Individuelle Gesichtspunkte betreffen die Art und Weise, wie die pädagogischen Fachkräfte die Neuerung für sich selbst wahrnehmen (als persönlichen Vorteil oder auch Nachteil), welche Bedeutsamkeit sie darin sehen und welche berufliche Motivation sie mitbringen. Darüber hinaus spielt eine Rolle, ob sich die pädagogischen Fachkräfte kompetent erleben, um den Anforderungen der Innovation gerecht werden zu können und trotzdem die Möglichkeit der Mitbestimmung wahrnehmen. Daneben beziehen sich die kollektiven Faktoren auf die Anzahl an Lehrkräften, die an einer Schule an der Innovationsumsetzung beteiligt sind und darauf, in welcher Form sie miteinander kooperieren. Als erfolgreich wird die Kooperation in (schulübergreifenden) Arbeitsgruppen bzw. Netzwerken betrachtet, wenn Lehrkräfte über gemeinsame Innovationsziele verfügen und sich darüber konstruktiv auseinandersetzen (vgl. ebd., 110).

3. Merkmale der Einzelschule

Auch den Merkmalen der einzelnen Schule kommt eine bedeutende Rolle zu. Dabei hat die Schulleitung bei der Implementierung einer Innovation eine Schlüsselfunktion inne, da ihre Unterstützung nicht nur Auswirkungen auf das Kollegium hat, sondern auch auf Eltern und das Umfeld der Schule. Schulleitungen als Initiatorinnen und Initiatoren von Innovationen »haben klare, langfristig angelegte Richtlinien und Ziele, auch in Bezug auf die Implementation von Innovationen« (ebd., 112). Darüber hinaus wird angenommen, dass die Kooperation im Lehrerinnen- und Lehrerkollegium einen großen Einfluss auf die Implementierung von Neuerungen hat, denn »Veränderungen in einer Institution setzen in der Regel eine Verständigung in der sozialen Gemeinschaft darüber voraus, wie die Innovationen umgesetzt und an die bestehenden Bedingungen der Einzelschule angepasst werden« (Gräsel 2010, 12). Bisher noch offen ist, was genau die Qualität der Kooperation mit Kolleginnen und Kollegen ausmacht (vgl. Kolbe & Reh 2008, 816).

4. Merkmale des Umfeldes

Hierzu zählt die Stabilität des schulischen Umfeldes wie beispielsweise eine möglichst konstante Personalstruktur, gerade auch dann, wenn eine hohe Innovationsdichte gegeben ist. Für eine gelingende Implementierung von Schulinnovationen kann auch die enge Zusammenarbeit von Lehrerinnen und Lehrern (in schulübergreifenden Netzwerken) förderlich sein. Die gegenseitige Unterstützung bei der Umsetzung der Innovation sowie das Reflektieren gemeinsamer Erfahrungen können dadurch angeregt werden. Darüber hinaus werden Maßnahmen vonseiten der Bildungspolitik und -verwaltung zur *Unterstützung und Begleitung* von Schulleitungen und Lehrkräften (z. B. Fortbildungen) als bedeutsam betrachtet wie auch eine realistische Zeit- und Ressourcenplanung, die vor allem ausreichend Zeit für die Implementation von Innovationen vorsieht.

Zusammenfassend lässt sich festhalten: Die Übersicht über die vier Ebenen, auf denen sich wiederum verschiedene Gelingensbedingungen für Implementierungen von Innovationen herausarbeiten lassen, verweist darauf, dass die Wirklichkeit des sozialen Systems Schule äußerst komplex ist. Daher sind Implementierungen nicht technokratisch handhabbar, zumal Schulen einer besonderen Entwicklungsdynamik aufgrund pädagogischer Prozesse folgen. Die Komplexität gilt es auch im folgenden Abschnitt in Rechnung zu stellen, in dem Implementierungsprozesse an zwei Einzelschulen mittels Interviewaussagen rekonstruiert werden.

7.2 Interviews mit Schulleitungen: Zur Implementierung von Jahrgangsmischung

In diesem Abschnitt werden Aussagen aus je einem Interview mit einer Schulleiterin (SL) und einem stellvertretenden Schulleiter (VSL) vorgestellt, die sich für die Entwicklung des jahrgangsgemischten Unterrichts an ihren jeweiligen Schulen stark gemacht haben. Zunächst wird die Durchführung der Interviews erläutert (▶ Kap. 7.2.1), bevor die Aussagen der Schulleitungen selbst dargestellt und miteinander verglichen werden (▶ Kap. 7.2.2). Abschließend erfolgt eine kurze Zusammenfassung (▶ Kap. 7.3).

7.2.1 Angaben zur Durchführung der Interviews

Zur besseren Nachvollziehbarkeit werden im Folgenden zunächst die beiden Schulen kurz vorgestellt, deren Schulleitungen von der Autorin interviewt wurden. Daran schließen sich Erläuterungen zur Durchführung der Interviews sowie Methoden der Auswertung an.

Die Schulen

Bei der ersten Grundschule handelt es sich um eine staatliche Regelgrundschule in Berlin, wo die Grundschuldauer sechs Jahre umfasst. Die Schulleiterin (SL) leitet die Grundschule allein, ohne stellvertretende Schulleitung. Die Grundschule, eine offene Ganztagsschule mit ergänzender Tagesbetreuung, besuchen derzeit 230 Schülerinnen und Schüler, die in jahrgangsgemischten Gruppen der Jahrgänge 1 bis 3 und 4 bis 6 lernen. Verantwortlich für eine Lerngruppe sind eine Lehrperson und eine Erzieherin bzw. ein Erzieher. Diese begleiten die Kinder auch im nachmittäglichen Bereich. Darüber hinaus wird die gemeinsame Arbeit durch Fachlehrerinnen und Fachlehrer, Sonderpädagoginnen und -pädagogen, Sozialpädagoginnen und -pädagogen sowie weitere pädagogische Mitarbeiterinnen und Mitarbeiter wie zum Beispiel Schulhelferinnen und -helfer oder Praktikantinnen und Praktikanten unterstützt. Der schulische Einzugsbereich ist als sozial-strukturell belastetes Gebiet zu beschreiben, da jedes zweite Kind von staatlichen Transferleistungen lebt.[44]

Bei der zweiten Grundschule, deren stellvertretender Schulleiter (VSL) interviewt wurde, handelt es sich um eine sächsische Grundschule in freier Trägerschaft. Die Grundschuldauer beträgt in Sachsen vier Jahre. Die Aufnahme der Schülerinnen und Schüler an diese Schule erfolgt über eine Antragsstellung der Erziehungsberechtigten. Seit dem Schuljahr 2015/16 lernen die Kinder in vier jahrgangsgemischten Stammgruppen, die aus jeweils acht Kindern des ersten bis vierten Jahrgangs bestehen. Die einzelnen Stammgruppen werden von zwei Stammgruppenleiterinnen und -leitern, das heißt zwei Lehrkräften, in Kooperation begleitet. Darüber hinaus sind an der Schule weitere Fachlehrkräfte (Musik, Religion, Sport) und Hortpädagoginnen bzw. Hortpädagogen, Integrations- und Inklusionslehrkräfte sowie eine Lerntherapeutin tätig.[45]

Die beschriebenen Informationen zu den Schulen verdeutlichen unterschiedliche Rahmenbedingungen, die ein besonderes Interesse daran geweckt haben, *wie* der Entwicklungsprozess vom jahrgangsheterogenen zum jahrgangsgemischten Unterricht in den verschiedenen Grundschulen verlaufen ist.

Durchführung der Interviews

Die Interviews mit der SL und dem VSL erstreckten sich über einen Zeitraum von etwa 60 Minuten und wurden auf einem Diktiergerät für diesen Buchbeitrag aufgenommen.

---

[44] Entsprechend der Informationen der Schulleiterin.
[45] Entsprechend der Informationen des stellvertretenden Schulleiters.

> Folgende Fragen waren leitend:
>
> 1. Wie sind Sie auf die Idee gekommen, in Ihrer Schule jahrgangsübergreifend zu unterrichten?
> 2. Wie ist die Entwicklung von der Jahrgangsklasse bis zur Jahrgangsmischung verlaufen?
> 3. Welche Erfahrungen haben Sie bisher gemacht?
> 4. Welche Empfehlungen würden Sie zu diesem Prozess geben?

Die Interviews sollen Auskunft darüber geben, *wie* sich die Initiation der Idee, jahrgangsgemischt zu unterrichten, vollzogen hat, und welche Prozesse zur Umsetzung dieser Idee geführt haben. Damit verbunden sind die Fragen nach den Voraussetzungen und Herausforderungen und danach, wie diese gemeistert werden konnten. Darüber hinaus sollen Informationen darüber gewonnen werden, inwiefern sich die pädagogischen Begründungen der Jahrgangsmischung aus der Sicht der Expertinnen und Experten in der Schulpraxis widerspiegeln und wie sie insbesondere mit der Leistungsbewertung im jahrgangsgemischten Unterricht verfahren. Die SL und der VSL wurden als Expertinnen und Experten betrachtet, da sie als Schulleitungen einer Grundschule besondere Funktionen auf organisatorischer und institutioneller Ebene innehaben (vgl. Meuser & Nagel 1991, 444). Aufgrund ihrer »Zuständigkeiten, Aufgaben, Tätigkeiten und die aus diesen gewonnenen exklusiven Erfahrungen und Wissensbeständen« (ebd.) ist die Perspektive der Schulleitungen auf den Prozess der Jahrgangsmischung von besonderem Interesse, zumal ihnen auch im Zusammenhang mit den Gelingensbedingungen für eine erfolgreiche Implementierung von Innovationen (▶ Kap. 7.1.3) eine wichtige Bedeutung zukommt.

In ihrer Rückschau auf die Schulentwicklung, die den Interviewten mit der Formulierung ihrer Antworten möglich war, konnten sie über ihre persönlichen Erfahrungen berichten und »Empfehlungen« für weitere Entwicklungsprozesse in der Praxis geben. Die Befragten sollten angeregt werden, möglichst »ausführlich über ihre thematisch relevanten Erfahrungen zu erzählen« (Nohl 2012, 16).

Zur Auswertung der Interviews

Zur Auswertung wurden die Aufnahmen transkribiert und in Orientierung an Meuser und Nagel (2005) ausgewertet. Dabei wurden entlang der Leitfragen gemeinsame Themen herausgearbeitet und verglichen (vgl. ebd., 80). Schließlich wurden verschiedene Dimensionen des gemeinsamen Expertinnen- und Expertenwissens zusammengefasst und nach ähnlichen Relevanzen, Typisierungen und Deutungen gesucht. Da das Hauptaugenmerk bei der Auswertung auf den Konzeptionen und dem gemeinsam geteilten Wissen lag, wurde auf ein aufwändiges Notationssystem verzichtet. Pausen, Stimmlagen und nonverbale bzw. parasprachliche Elemente waren nicht Gegenstand der Auswertung (vgl. Meuser & Nagel 1991, 455).

7.2.2 Analyse der Interviews

Im Folgenden werden die Perspektiven der Befragten entlang der Leitfragen dargestellt. und in folgende drei Bereiche untergliedert: I. Initiation und Implementierung, II. Erfahrungen (Institutionalisierung) und III. Empfehlungen. Die römisch bezifferten Sinnabschnitte werden wiederum in Unterpunkte untergliedert. Auch wenn die einzelnen Phasen nicht durchgängig trennscharf voneinander zu unterscheiden sind, soll der Prozessverlauf der Innovation vom jahrgangshomogenen zum jahrgangsübergreifenden Unterricht nachvollziehbar gemacht werden.

I. Initiation und Implementierung

1. Entscheidung für Jahrgangsmischung: »Die Geburtsstunde«

Mit der Frage nach der Idee, jahrgangsgemischt zu unterrichten, war intendiert, etwas über die auslösenden Momente zu erfahren, welche die beiden Schulleitungen dazu geführt haben, sich für die Jahrgangsmischung zu entscheiden.

Beiden, der Expertin und dem Experten, ist gemeinsam, dass ihre Entscheidung sehr eng mit dem Bedürfnis nach Veränderung von Unterricht zusammenhing (Rhythmisierung, Binnendifferenzierung).

Beim VSL ging dieses Bedürfnis aus der Beobachtung der Kinder im Unterricht hervor, die aus seiner Perspektive aufgrund der (zeitlichen) Strukturen wie Fächerwechsel oder Stundentakt nur wenige Phasen intensiven Arbeitens hatten. Aus diesen Gesichtspunkten heraus ergab sich die Überlegung, Unterricht zu rhythmisieren und zu öffnen, was wiederum zur Idee der Jahrgangsmischung führte. Mit der Jahrgangsmischung verbindet der VSL zudem die Hoffnung, den Wettstreit zwischen den Kindern, den er durch die Jahrgangshomogenität verstärkt sieht, zu reduzieren, um Frustrationen zu vermeiden:

> »[...] [G]enau, vor dieser Phase haben wir einen Tagesstrukturierungsprozess gehabt, da haben wir gesagt, wir wollen von diesem Unterricht – diesen Unterrichtsabschnitten, die es ja auch in der Schule gab, also Mathe, Deutsch und so weiter, haben wir so gemerkt, wir müssen da weg und zu einer andren Rhythmisierungsform. Und damit gab es eine andere Tagesstruktur und die sah eben so aus [...], dass wir gesagt haben, wir wollen so Kerntage haben, an denen praktisch dann am Stück Zeiten zur Verfügung stehen, wo die Kinder in die Tiefe forschen können, arbeiten können, an einer Sache dran bleiben können und so weiter, weil wir festgestellt haben, dass sie zu stark eben auch immer wieder herausgerissen werden aus irgendwelchen Lernprozessen. Das war also vorher dieser Umstrukturierungsprozess, der eben auch zum Ziel hatte eine Öffnung des Unterrichtes letzten Endes. Und als das fertig war, haben wir gemerkt, dass [...] man dann im Grunde genommen jetzt nur noch eine Jahrgangsmischung bräuchte, um dann das vollständige Konzept zu haben, weil wir eben auch gemerkt haben, dass die Kinder sich sehr stark inner-

> halb der Altersgruppe eben auch orientieren und ein ziemlicher Wettbewerb auch teilweise entstand, also mit zunehmendem Jahrgang dann auch hin zur vierten Klasse. Dass dann eben auch durchaus Frustration dadurch entstand, dass die Kinder sehr stark eben gesehen haben, ich bin abgehängt, weil es gibt in meiner Jahrgangsstufe auch welche, die können das alles viel besser und so weiter. Und es gab also da große Schwierigkeiten dann auch teilweise. Und das waren so Ausgangspunkte zu sagen, sowas kann durch Jahrgangsmischung kompensiert werden und dann lass uns mal schauen, ob das nicht noch uns fehlt als Idee. Das war eigentlich die Geburtsstunde.«

Der VSL, der sich im Schulleitungsteam auf Basis seiner Beobachtungen von Lernsituationen der Kinder auseinandergesetzt hat, spricht in diesem Zusammenhang von der »Geburtsstunde« der Idee, die sich in Hinsicht auf die Entwicklung des Konzepts als einprägende Metaphorik betrachten lässt.

Die interviewte Schulleiterin (im Folgenden als SL bezeichnet) hatte die Vision, Unterricht zu entwickeln. Sie kam als »Außenstehende« in die Schule und wollte mittels ihrer Funktion als neue Schulleiterin Veränderungen initiieren. Ihre Idee war, Einfluss auf den Unterricht zu nehmen, um den schlechten Ruf der Schule bezüglich konventioneller Methoden und mangelnder Aktivitäten zum »Guten« zu wenden. Dafür nutzte sie die neu geltenden schulgesetzlichen Rahmenbedingungen in Berlin, die zu jener Zeit darin bestanden, den Hort in die Schule zu integrieren und per Beschluss im Kollegium Jahrgangsmischung einzuführen. Dieser Beschluss wurde ihrer Wahrnehmung zufolge (»gefühlt«) im Kollegium einhellig herbeigeführt:

> »Dann kam die persönliche Entscheidung, Schulleitung zu machen, weil ich dachte, mit dieser Vision, Unterricht zu verändern, kann man das nicht in der Rolle als Gleicher unter Gleichen [...] auch erfahrungsgemäß nicht, sondern nur in der Rolle der Schulleitung. Und passgenau war damals das neue Schulgesetz in Berlin, die der Rolle des Schulleiters eine neue [...] Wertung auch verlieh. Man [...] geriet so ein bisschen in die Rolle des Dienstvorgesetzten, etwas, was ich für unabänderlich hielt, um auf Unterricht Einfluss zu nehmen. Und zeitgleich hat Berlin sowohl den Hort, also die Vorschule aufgelöst, den Hort an die Schule verfrachtet und die Altersmischung eingeführt. [...] [B]in auf ein Kollegium gestoßen, das wusste, dass es einen saumäßigen Ruf hat in der Gegend, aufgrund der sehr konventionellen Methoden und auch aufgrund der Inaktivitäten, die hier ausgebrochen waren, waren die dankbar für jemanden, der Ideen mitbrachte [...] wir haben gefühlt sofort einen hundertprozentigen Beschluss für die Altersmischung bekommen. [...] [U]nd es war eine unglaublich tolle Aufbruchsstimmung dadurch bei den Kollegen, die sich mit verändern wollten.«

Beim Vergleich der beiden Aussagen wird als Gemeinsamkeit sichtbar, dass die Interviewten in ihren Rollen als Schulleitungen initiativ waren, dies jedoch aus unterschiedlichen Perspektiven und unter unterschiedlichen Voraussetzungen: Aus der »Innenperspektive« (der Schulklasse) wuchs beim VSL durch die Beobachtung der Kinder beim Lernen der Wunsch, Strukturen und Unterricht zu verändern, sowie Situationen des Frustriertseins von lernschwächeren Kindern zu minimieren. Demgegenüber hat die SL aus einer »Außenperspektive« (schlechter Ruf der Schule) zunächst die Arbeit der Lehrkräfte und ihre Ideen als neue Schulleiterin in die Schule hineingetragen. Zur Umsetzung ihrer Ideen haben auch die gesetzlichen Rahmenvorgaben beigetragen. Die zunächst begeistert anmutenden Aussagen zum »gefühlten hundertprozentigen Beschluss« und zur Aufbruchsstimmung scheinen dadurch relativiert, dass es offensichtlich nicht das gesamte Kollegium war, das sich »mitverändern« wollte.

2. Orientierungsphase der Akteurinnen und Akteure:
   Zwischen Überzeugung und Schulwechsel

Im weiteren Prozess hat sich der VSL im Schulleitungsteam über die Vielfalt an Realisierungsformen informiert, um sie dem Kollegium vorstellen zu können. Außerdem sollte das Kollegium überzeugt werden, da ein Entwicklungsprozess ansonsten nicht möglich wäre. Zur Orientierung konnte das Kollegium über ein Jahr lang an verschiedenen Schulen hospitieren, um sich ein Bild darüber zu machen, was es »auf dem Markt gibt«. So konnte das Kollegium Erfahrungen sammeln, um über eine eigene »Richtung« abstimmen zu können. So ist die Idee zur Vierermischung »gereift«.

> »[...] [U]nd ja der nächste Schritt war, dass wir uns dann erstmal orientiert haben, und da haben wir dann sehr schnell gemerkt, dass es da natürlich unzählige Formen gibt, wie man das machen kann. Da war dann der nächste Schritt, zu überlegen, wie kriegen wir das Kollegium dort mit rein, weil wir wussten schon von Anfang an, dass das nicht zu machen ist, ohne die Kollegen da mitzunehmen. Das wäre unmöglich. Und insofern haben wir dann als erstes so eine grundsätzliche Orientierungsphase gemacht, wo wir uns selbst im Prinzip ein bisschen informiert haben, und haben dann so ein paar Ideen mal vorgestellt. Und haben dann mit dem damaligen Kollegium zunächst erstmal eine kleine Abstimmung darüber gemacht: Wollen wir uns auf der Strecke weiterbewegen, haben also gesagt, das könnten wir uns vorstellen, in die Richtung könnte es gehen. Das könnten die Vorteile sein, wir wissen es aber auch nicht genau. Und von dort aus haben wir dann also erstmal ein Votum abgeholt. [...] Daran schloss sich dann eine tiefere Akquisephase in dem Sinne an, dass jetzt jeder erstmal schauen sollte, was gibt es auf dem Markt? Also gibt es für Formen des jahrgangsübergreifenden Lernens? Und möglichst auch eben mit Erfahrungslernen im Sinne von Hospitationen in Schulen, die so etwas haben. Und da haben wir dann über ein Jahr lang in verschiedensten Schulen hospitiert und haben uns alles Mögliche angeschaut, um eben dann eine Abstimmung zu haben darüber, welche Richtung wäre für uns die greifbare. [...] Und so ist dann die Idee zu dieser Vierjahrgangsmischung dann gereift.«

Zusätzlich zum Austausch, angeregt durch die Hospitationen und darüber hinaus, wurden offensichtlich viele Gespräche, Abstimmungen und Auseinandersetzungen im Kollegium geführt, was als Hinweis auf demokratische Strukturen im Kollegium zu deuten ist. Über die Ermöglichung von Abstimmungen hinaus scheinen die Berücksichtigung, Wertschätzung und Anerkennung der Meinungen des Kollegiums, aber auch deren Partizipation an der Meinungsfindung ein wichtiger Aspekt im Initiationsprozess zu sein. Zu guter Letzt hat sich dennoch über einen längeren Zeitraum ein Wechsel des Kollegiums insofern ergeben, als dass diejenigen, die sich nicht mit dem Konzept anfreunden konnten, die Schule verlassen haben, wie der VSL berichtet.

»Also es gab halt viele Gespräche und von vornherein war klar, wir gehen nicht einfach los, wenn es zu viel Ablehnung gibt. Also es gab halt schon Abstimmungen auch darüber, wo wir uns also auch sehr, sehr lange auch auseinandergesetzt haben, immer wieder und auch immer wieder dann zwischendurch nachgefragt und so weiter. Aber das war trotzdem schon ein schwieriger Weg, weil das sehr unterschiedlich aufgestellt war auch, das Kollegium. Also im Prinzip hat das bis in die jetzige Zeit gewirkt, also bis ins letzte Schuljahr, wenn man so will, also jetzt sind so die Letzten, die sich schwergetan haben, sind einfach nicht mehr da, muss man so sagen.«

Die SL berichtet von ihrer Erfahrung, dass es zwischen der Beschlussfassung und der Realisierung jahrgangsgemischten Unterrichts eine Diskrepanz gab. Zwar hatte das Kollegium für das Unterrichtskonzept gestimmt, war aber offensichtlich dennoch nicht davon überzeugt. Dieses »Vorher« und »Nachher« drückt die SL mit der Aussage in direkter Rede aus der Perspektive des von ihr gemeinten Kollegiums aus: »Ja, ich war dafür, aber doch nicht ich.« In der Konsequenz nutzte die SL ihre Position dazu, Personalentwicklungsgespräche zu führen, die in vielen Anträgen zur Umsetzung an eine andere Schule mündeten. Die Entwicklung zu diesem Beschluss wird nicht thematisiert.

»[...] [U]nd komischerweise habe ich oft immer noch wieder drüber nachgedacht, dass man trotzdem einen hundertprozentigen Beschluss hat von einem gesamten Kollegium, obwohl viele dann deutlich zum Ausdruck brachten: ›Ja, ich war dafür, aber doch nicht ich.‹ Das hatte dann den Begriff Personalentwicklung zur Folge, durch viele Gespräche miteinander kam es dann zu einem erheblichen Ruck im Kollegium, was Umsetzungsanträge anbelangte.«

Wiederum bezugnehmend auf die schulgesetzlichen Rahmenbedingungen[46] stellt die SL die Erweiterung ihrer Kompetenzen und Handlungsoptionen als positiv

---

46 Laut Schulgesetz von Berlin (2018) entscheidet die Schulleitung über die Verteilung und Verwendung der der Schule zur eigenen Bewirtschaftung zugewiesenen Personal-

heraus, aufgrund derer sie die Möglichkeit hatte, selbst Einstellungsverfahren durchzuführen und entsprechendes Personal, das hinter dem Konzept stand, selbstbestimmt einzustellen. Die SL nennt als Konsequenz daraus die Verbesserung der Qualität des Arbeitsteams.

> »Alles Akquirieren neuer Kollegen, das war auch etwas, was die neue Rolle des Schulleiters anbelangte, ich hatte die Chance, selber auszusuchen. Ich hatte die Chance, selber Einstellungsverfahren durchzuführen. Insofern habe ich unsere Verwaltung und die Unterstützung des Systems immer als positiv in Erinnerung. Also es gab unglaublich viel Eigenverantwortlichkeit und insofern haben wir dann innerhalb von paar Jahren ein Kollegium, das voll hinter dem Konzept hier stand, und viele, die weg waren. Ich würde mal es sogar in Zahlen benennen, weil es über 80 Prozent Wechsel innerhalb der Lehrerschaft waren. [...] So und damit waren wir hier ein Team, das immer besser wurde, kooperativer, kollegialer, effektiver und in diesen Jahren, das hat aber exakt zehn Jahre gedauert, dass wir von der ersten altersgemischten Klasse bis jetzt mittlerweile bei der 16. altersgemischten Klasse sind. Wir haben, nachdem eins bis drei fertig gemischt war, gleich auf Antrag der Kollegen, [...] haben wir vier bis sechs auch gemischt mit dem Argument, das ist einfach folgerichtig. Und da gingen dann auch die letzten Kollegen, die gesagt haben: ›Um Gottes Willen, das habe ich aber nicht so gemeint, damals.‹«

Deutlich werden die Herausforderungen, mit denen die SL konfrontiert war. Sie musste neue Lehrkräfte akquirieren und einstellen, die das Konzept der Jahrgangsmischung befürworten, während gleichzeitig Kolleginnen und Kollegen die Schule verließen, die sich nicht auf die Neuerung einlassen wollten oder konnten. Im Weiteren wurde auf Antrag engagierter Kolleginnen und Kollegen die Jahrgangsmischung auf die Klassen 4 bis 6 ausgeweitet, was eine weitere Umstrukturierung zur Folge hatte.

Gemeinsam ist in beiden Schulen, dass sich der Prozess der Entwicklung vom jahrgangshomogenen zum jahrgangsgemischten Unterricht über mehrere Jahre erstreckt hat. Viele Auseinandersetzungen über das Konzept der Jahrgangsmischung haben stattgefunden und offensichtlich ließ sich ein großer Teil der Lehrkräfte nicht von Jahrgangsmischung überzeugen.

Während in der Grundschule in freier Trägerschaft viele Angebote der Auseinandersetzung mit Inhalten, Konzepten und der Realisierung von jahrgangsübergreifendem Unterricht bestanden, beispielsweise auch in Form des Hospitierens an Schulen bundesweit, wurden in der staatlichen Regelschule personelle Schwerpunkte wie die Auseinandersetzungen im Kollegium und Personalgespräche im Interview thematisiert.

---

und Sachmittel und wirkt bei der Einstellung und Umsetzung der Lehrkräfte mit. Sie entscheidet über den Unterrichtseinsatz der Lehrkräfte und des sonstigen pädagogischen Personals (§ 69).

Letztendlich führten die Prozeduren beider Schulen zu einer hohen Fluktuation im Kollegium, sodass anzunehmen ist, dass eine »Grundüberzeugung« offensichtlich vorhanden sein muss, um darauf aufbauend Konzepte zur Jahrgangsmischung entwickeln zu können. Darüber hinaus scheint die Rolle der Schulleitungen, als »treibende Kraft« für den Innovationsprozess unabdingbar zu sein, denn sie ermöglichen und begleiteten den Austausch im Kollegium, leisteten Überzeugungsanstrengungen und brachten die Neuerungen in aller Konsequenz voran.

3. Überzeugung der Eltern

Nicht nur die Auseinandersetzung im Kollegium, sondern auch der Austausch mit den Eltern spielte beim Wechsel des Konzepts von Jahrgangsklassen in jahrgangsgemischte Klassen eine nicht unerhebliche Rolle.

Die SL berichtet, dass sich die Schule aufgrund der zunächst gesetzlich bestimmten Einführung von JüL (Jahrgangsübergreifendes Lernen) in Berlin nicht vor den Eltern dafür rechtfertigen musste. Dennoch haben wohl einige Eltern die Möglichkeit genutzt, ihre Kinder an der Nachbarschule anzumelden, die JüL noch nicht eingeführt hatte. Die SL ist ihren Aussagen zufolge daher dazu übergegangen, bei der Schulanmeldung nur noch denjenigen Kindern einen Schulplatz zu garantieren, deren Eltern mit dem Konzept der Jahrgangsmischung übereinstimmen und auch zum Hospitieren kommen. Als in Berlin die Verpflichtung für Jahrgangsmischung wieder abgeschafft wurde, wurde offensichtlich die Zustimmung zur Jahrgangsmischung prekärer. Allerdings hat sich nach Aussage der SL die Elternschaft insofern gewandelt, als auch Eltern von Kindern mit Behinderung, die außerhalb des Einzugsgebiets wohnen, ihre Kinder einschulen. Laut SL ist den meisten Eltern am wichtigsten, dass sich die Kinder wohlfühlen und gern lernen. Sie schätzt die Eltern aus dem »Kiez« (vgl. Interviewauszug), denen das Konzept weniger wichtig ist, als durchaus willkommen für die Unterrichtsentwicklung durch Jahrgangsmischung ein.

> »Wir hatten am Anfang das wirkliche Glück, dass es gesetzlich verpflichtend war in Berlin. Insofern waren wir in der besseren Position gegenüber den Eltern. [...] Ganz konkret war es allerdings so, dass diese Nachbarschule sechs Jahre gewartet hat, bis sie es eingeführt hat, um es gleich danach wieder abzuschaffen. Also insofern hat man hier schon schlechte Karten, das immer wieder gegenüber Eltern auch zu rechtfertigen. Es waren schon viele Eltern, die gingen dann in die traditionelle Variante lieber, und zwar nicht wenige. Aber ich habe dann den Spieß umgedreht und habe gesagt, wir wollen hier nur die Eltern, die unser Konzept wollen und verstehen und die, die hier hospitieren kommen, kriegen einen Schulplatz garantiert. Das mache ich bis heute, das klappt ganz gut und alle anderen, die nicht zu uns wollen, weil sie das ganz fürchterlich finden, die Jahrgangsmischung, da sind wir auch froh, dass sie nicht kommen.

> [...] Mittlerweile ist das so, dass – und das war aber auch schon die ganze Zeit so, aber nicht in Massen, dass Eltern auch wegen des Konzeptes auch von woanders herkamen. Da wir ja auch sehr mit behinderten Kindern arbeiten, sind davon auch viele Eltern von behinderten Kindern. Also wir haben hier tatsächlich – was nicht dem Kiez entspricht, wir haben Akademikereltern hier, das sind die, die mit behinderten Kindern gekommen sind. [...] Aber dann war es so, dass wir uns sehr viel Mühe gegeben haben mit Elternabenden, bevor eingeschult wurde, also mit sehr viel Überzeugungsarbeit und immer wieder dieses Einladen zum Hospitieren. Wir haben auch immer gesagt: ›Sie brauchen sich nicht großartig anzumelden, rufen Sie vielleicht einen Tag vorher an, um sicher zu gehen, dass die Klasse keinen Ausflug macht, oder kommen Sie gucken.‹ Und alle, die gucken kamen, haben es dann verstanden und die sind dann auch immer gekommen. [...] Aber wir sind eine Kiezgegend mit einem Niveau, das nicht so in Richtung Bildungsbürgertum geht und die wiederum, denen ist das eigentlich egal. Hauptsache, ihren Kindern geht es gut und irgendwann lernen sie lesen. So das ist so die Grundhaltung. Insofern hat uns das die Sache auch ein bisschen erleichtert.«

Demgegenüber berichtet der VSL, dass die Arbeit mit den Eltern von der Organisationsstruktur der Schule überschattet war, da der Schulträger den Eltern ein ausgearbeitetes pädagogisches Konzept vorstellen wollte, ohne sie in die Entwicklung dieses Konzepts einzubeziehen. Demgegenüber wollte die Schulleitung von vornherein mit den Eltern in den pädagogischen Austausch treten. So ergaben sich viele Schwierigkeiten, die unter anderem darin bestanden, dass viele Eltern im Implementierungsprozess insbesondere in Bezug auf ihre eigenen Kinder Ängste entwickelten, da in dieser Phase Kinder in verschiedene Gruppen aufgeteilt werden mussten. Die Sorgen der Eltern übertrugen sich offensichtlich auf die Stimmung der Kinder.

> »Die Eltern waren da auch interessiert dran und interessanterweise der Trägerverein besteht ja zum größten Teil aus Eltern – der Vorstand hat sich dann aber dagegen ausgesprochen und hat gesagt, wir wollen erstmal ein fertiges Konzept sehen und wollen das prüfen. Und wenn wir das geprüft haben und ihr uns das gezeigt habt, dann geht das erst in die Elternhand. Das ist letzten Endes dann dem ganzen Prozess ziemlich auf die Füße gefallen, weil eben dann wenig Partizipation möglich war.
> [...] Die Eltern haben ganz schöne Ängste entwickelt und also weniger vor dem eigentlichen jahrgangsgemischten Lernen, das spielte jetzt gar nicht in der Diskussion so eine große Rolle, sondern es ging eigentlich eher um den Implementierungsprozess, weil die da natürlich ganz stark dann auch im Rollenkonflikt ihre persönlichen Kinder gesehen haben und wie es denen denn wohl damit gehen wird. Und das hat sehr stark in den Umbruchprozess dann hineingewirkt. Also die Eltern haben da sehr, sehr skeptisch dem gegenüber-

> gestanden und auch dann sehr eben was irgendwo ja auch verständlich und legitim ist, aber der Gemeinschaft jetzt nicht so förderlich. Und ich glaube, da sind die Kinder natürlich dann auch sehr stark auch so in Zwiespälte geraten. Und emotional natürlich auch in Schwierigkeiten. Ich glaube, die Kinder hätten das, wenn man es nur mit denen gemacht hätte, das ohne die Eltern, hätten das relativ leicht hinbekommen.«

Auch wenn es »dramatische Szenen« der Trennung in verschiedene Lerngruppen gab, so hat die Schule dennoch versucht, die Wünsche der Kinder zu berücksichtigen.

> »[...] [E]s gab schon ein paar dramatische Szenen, weil natürlich man löst ja Verbünde auf in dem Moment, also wir haben natürlich die Kinder gefragt, mit wem möchtest du zusammenbleiben, wohl wissend, du kannst nicht alle Wünsche erfüllt kriegen, aber die meisten wollen wir erfüllen. Das haben wir gemacht, dann haben wir eine Übergangsphase auch gestaltet, wo die Kinder auch schon mal so in Kontakt kommen konnten. Dann haben wir viel dann für den Start in den Stammgruppen gemacht, haben also praktisch am Ende der homogenen Zeit – haben wir in den Klassen dann damals eben dann noch so eine Art Kofferpacken genannt. Das machen wir heute immer noch, haben also gesagt, was willst gerne in deine neue Stammgruppe mitnehmen? Was ist dir hier bei uns wichtig an Ritualen, an Dingen und so weiter. Und das musste dann eben in der neuen Stammgruppe besprochen werden und dann guckt man, was man gemeinsam entwickelt. Das waren alles schöne Prozesse und dennoch gab es natürlich Tränen und so weiter und immer auch Vorwürfe noch immer wieder, dass das natürlich falsch war und so weiter und also vor allen Dingen für die Kinder, die eben dann am Ende der dritten Jahrgangsstufe dann nochmal in die Jahrgangsmischung gewechselt sind, die hatten ja dann quasi einen Wechsel für ein Jahr und sind dann wieder in die Klassenstufe zurück gewechselt. Und dann haben sie sich alle wieder gehabt.«

Trotz der Versuche, den Kindern den Wechsel zu erleichtern, blieb offensichtlich der Vorwurf an die Schule längerfristig bestehen, den Kindern, die am Ende der dritten Klasse waren, einen erneuten Gruppenwechsel zuzumuten. Diese Problematik ergibt sich, wenn ein »radikaler« Wechsel vollzogen wird, in dem für alle Jahrgänge eine Umstrukturierung erfolgt und Klassenverbände aufgeteilt werden.

In Bezug auf das Lernen in jahrgangsübergreifenden Klassen hatten die Eltern ebenfalls kritische Fragen und haben teilweise das Konzept der Jahrgangsmischung für Schwierigkeiten ihrer Kinder nach dem Übergang an die weiterführende Schule verantwortlich gemacht.

7.2 Interviews mit Schulleitungen: Zur Implementierung von Jahrgangsmischung

»[...] [N]atürlich diese klassische Frage, die immer gestellt wird, wenn man jemandem von Jahrgangsmischung erzählt, dieses ja, wie will der Lehrer das überhaupt überblicken? So und lernen die da genug? Zweite Frage: Und wie wird das dokumentiert? Und sind die vierten Jahrgänge genügend herausgefordert? Da ist ja keiner mehr, an dem die sich orientieren. Ja, das sind so die wesentlichen vier Fragen, klar. Und mit denen sind die natürlich da eingestiegen und haben dann auch genau den Blick, die hatten ja keine Vorerfahrungen andererseits, aber trotzdem haben sie genau den Blick da drauf gerichtet und als dann in der fünften Jahrgangsstufe dann das eine oder andere kritisch gesehen wurde, haben sie gesagt, na, ist ja kein Wunder.«

Der VSL betrachtet die Schwierigkeiten auch aus der Perspektive der Eltern, deren Probleme mit der Implementierung er auf das fehlende Sicherheitsgefühl im Entwicklungsprozess des Konzepts zurückführt.

»[...] Und das ist ja für Menschen immer schwierig, wenn sie in so einen interaktiven Prozess reingehen, wo man auch sagt, ja wir probieren das jetzt mal so und wenn es eben nicht gleich funktioniert, da müssen wir halt noch im Betrieb dann eben an irgendwelchen Stellschrauben dann eben noch Veränderungen vornehmen. Und das war für Eltern, glaube ich, auch schwer, die wollen ja lieber den Eindruck haben, dass das alles etabliert und funktioniert, also die wollen ein Sicherheitsgefühl haben.«

Die Gemeinsamkeit in den Aussagen der beiden Expertinnen und Experten liegt darin, dass sowohl von Rechtfertigung als auch intensiver Überzeugungsarbeit gegenüber den Eltern die Rede ist. Aufgrund der unterschiedlichen Rahmenbedingungen verlief dieser Prozess der Auseinandersetzung mit den Eltern in den beiden Grundschulen unterschiedlich: In der staatlichen Regelschule sprachen die gesetzlichen Vorgaben zunächst für Jahrgangsmischung, sodass zu Beginn keine Rechtfertigung für die Entwicklung des Konzepts durch das Kollegium vonnöten war. Demgegenüber war das Kollegium der Schule in freier Trägerschaft stärker unter Rechtfertigungsdruck, da der Veränderungsprozess aus dem Kollegium heraus initiiert wurde und den Eltern ein ausgearbeitetes Konzept vermittelt werden musste. So haben auch die vorhandenen »Grundüberzeugungen« bzw. Unsicherheiten und Ängste der Eltern die Entwicklung von Jahrgangsmischung beeinflusst. Auch die Regelschule war aufgrund der gesetzlichen Veränderungen schließlich mit den Überzeugungen der Eltern konfrontiert. Die SL ging dazu über, das Schulkonzept in die Anmeldemodalitäten einfließen zu lassen. Aufgrund des pädagogischen Konzepts hat sich wiederum ein neuer Kreis interessierter Eltern entwickelt.

4. Organisatorische Umsetzung: »Stufenweise« versus »radikal«

Auf organisatorischer Ebene werden verschiedene Möglichkeiten genannt, jahrgangsgemischte Klassen zu etablieren. Die SL berichtet, dass die Implementierung der Jahrgangsmischung durch den Beschluss des Kollegiums befördert wurde und danach jahrgangsweise so eingeführt wurde, dass zunächst zwei Klassen aus den Jahrgängen 1 und 2 gebildet wurden, um im Folgejahr weitere Kinder aufzunehmen, bis die Mischung der Jahrgänge 1 bis 3 komplett war. Die schrittweise Entwicklung erfolgte später auch für die Jahrgänge 4 bis 6 als »obere Mischung.«

> »Wir haben konkret, das war tatsächlich ein rein organisatorisches Ding: Es gab den Beschluss, es gab die Kollegen, die damit anfangen wollten. Ich glaube, wir haben mit zwei altersgemischten Klassen 1, 2 angefangen. Das heißt, immer zu Schuljahresbeginn wurde eine weitere Klasse oder die damals neu eingeschulten Kinder in die bestehende eins-zweier Mischung aufgenommen, oder die bestehende Klasse 1 wurde dann zu einer Klasse 1/2. Dann im darauffolgenden Jahr war es schon wieder eine Klasse mehr. Im darauffolgenden Jahr war es dann die 1/2/3-Mischung. Wir hatten innerhalb, ich kann das nicht mehr in Zeiträumen erinnern, aber wir hatten innerhalb kürzester Zeit vier altersgemischte Klassen 1/2/3. Dann innerhalb weiterer kürzester Zeit, also heute sind wir bei acht altersgemischten Klassen 1/2/3 und dann ging dasselbe nochmal los, als die obere Mischung.«

Der VSL unterscheidet verschiedene Modelle, die entweder einen »stufenweisen« oder »radikalen« Einstieg vorsehen und begründet für seine Schule den letzteren Weg.

> »Wir haben da auch uns viele Fremderfahrungen abgeholt, wie man das am besten machen sollte, da gibt es auch verschiedene Modelle, dass man eben stufenweise einsteigt und das so langsam entwickelt oder eben radikal sagt: Ab jetzt machen wir's. Und wir haben uns dann für das Radikale entschieden, weil das auch die bessere Prognose hatte, sozusagen. Es ist zwar einmal hart, aber ist dann überall etabliert und es sprachen auch noch ein paar andere Sachen damals dagegen, das so zu machen, dass man es schrittweise macht. Wir hätten gar nicht die räumlichen Voraussetzungen gehabt, da brauchten wir nämlich viel mehr Räume dann plötzlich und auch nicht die personelle Ausstattung. Das ist ja auch eine finanzielle Frage. Ansonsten wäre so ein schleichender Prozess sicher auch möglich. Andererseits, wenn man sich klar ist, dass man's machen will, warum dann nicht? Und dann haben wir den Startprozess aufgrund der Kollegenmeinung auch noch um ein Jahr dann verschoben. Also es gab Kollegen, die haben gesagt, jetzt fangen wir an, und einige haben gesagt, ich bin aber noch nicht soweit. Und da haben wir um deren Willen das dann noch um ein Jahr verschoben und haben versucht, in dem

> Jahr dann die Eltern noch ins Boot zu bekommen und vor allem den Implementierungsprozess noch zu gestalten.«

Trotz der Überzeugung, »radikal« beginnen zu wollen, was auch den personellen, räumlichen und finanziellen Gegebenheiten geschuldet war, wurde die Einführung aufgrund der Unsicherheit einiger Kolleginnen und Kollegen um ein Jahr verschoben. Hier wird wiederum die Ermöglichung von Mitbestimmung deutlich, der kollegiale Austausch sowie die Berücksichtigung der individuell verschiedenen Entwicklungen und Bereitschaften der Lehrkräfte für den schulischen Entwicklungsprozess. Die Zeit der Verschiebung wurde offensichtlich (sinnvoll) dazu genutzt, die Eltern zu überzeugen.

Auch wenn die Schulen unterschiedlichen Einführungsmodi gefolgt sind – stufenweise durch die jahrgangsweise Erweiterung der Lerngruppen vs. »radikal«, ist ihnen gemeinsam, dass sich die Implementierung des pädagogischen Konzepts der Jahrgangsmischung als nachhaltiger Prozess gestaltet hat, der bis heute andauert.

II. Erfahrungen

Im folgenden Abschnitt werden verschiedene pädagogische Perspektiven näher beleuchtet, die von den Befragten rückblickend als besonders relevant für den Entwicklungsprozess vom jahrgangshomogenen zum jahrgangsgemischten Unterricht betrachtet werden. Zunächst werden Äußerungen zu persönlichen Voraussetzungen der Lehrerinnen und Lehrer betrachtet, bevor die Veränderung der Unterrichtsgestaltung sowie das Lernen der Kinder in den Blick genommen werden. Beobachtungen und Vorteile sowie die Frage nach dem Umgang mit der Leistungsbeurteilung schließen sich an. Auch wenn die einzelnen Themen nicht trennscharf voneinander zu betrachten sind, sollen durch die Untergliederung Schwerpunkte im Entwicklungsprozess verdeutlicht werden.

1. Persönliche Voraussetzungen der Lehrerperson

Mit seiner Metapher des Dirigenten, der das Orchester zum Klingen bringt, unterstreicht der VSL seine Funktion als Lehrer. Für das Unterrichten in jahrgangsübergreifenden Lerngruppen verbindet er damit persönliche Voraussetzungen wie das interaktive, agile, kreative und spontane Arbeiten, um auf die verschiedenen Lernbedürfnisse eingehen zu können. Damit verbunden ist, dass sich die Lehrperson auf Interessen der Kinder einlassen will, das heißt, sich auch selbst mit neuen Themen auseinandersetzt und sich in Lernprozesse bzw. in die Position des Lernenden begibt.

> »[...] [I]ch bin aber Dirigent dieses ganzen Orchesters, sonst klingt es nicht. Also das ist, glaube ich, schon die Aufgabe. Und da muss ich, glaube ich, sehr interaktiv arbeiten können, sehr agil arbeiten können, sehr kreativ sein können, sehr spontan. Also vor allen Dingen, wenn ich die Themen der Kinder aufgreifen möchte, das ist ja dann auch herausfordernd, weil das weiß ich natürlich auch nicht, was die wissen wollen, in der Regel. Und da muss ich mich dann informieren, also das heißt, ich muss mich dann auch mich mit Dingen befassen und ich muss mein sicheres Umfeld verlassen in der Regel. Das gehört auch dazu, dass ich mich praktisch permanent eben auch in Lernprozesse begebe mit den Kindern zusammen. Aber also für mich ist das der förderlichste und gedeihlichste Rahmen, weil die Kinder dann eben Leute erleben, Erwachsene erleben, die eben selber auch lernen. Und nicht welche, die Kinder ausfragen, weil sie es schon wissen.«

Auch die SL spricht Voraussetzungen in Form dynamischer Züge wie Beweglichkeit für das Unterrichten an. Ihre Aussagen formuliert sie jedoch stärker im Sinne von Persönlichkeitsmerkmalen, da sie von »Charakter oder Persönlichkeit« spricht, die entsprechend »definiert« sind. Darüber hinaus thematisiert sie das Spannungsfeld zwischen Strukturierung und dem »Laufenlassen«, das beim Unterrichten bewältigt werden muss, unter Berücksichtigung der Ergebnisorientierung. Offensichtlich ist eine Lehrperson, die bereits lange Zeit frontalen Unterricht gestaltet hat, nicht in der Lage, jahrgangsgemischt zu arbeiten, da die Überzeugung dafür fehlt.

> »Ich glaube, diese Beweglichkeit oder überhaupt diese Form des Charakters oder der Persönlichkeit eines Lehrers ist schon so definiert, um auch individuell unterrichten zu können. Der muss beweglich sein, der muss – das hört sich an wie ein Spagat und es ist auch einer. Also die Fähigkeit einer Lehrerpersönlichkeit sowohl zu strukturieren und zwar sehr stark zu strukturieren im jahrgangsgemischten Unterricht, aber gleichzeitig laufen zu lassen und dann die Dinge sich entwickeln lassen und trotzdem zu sehen, wo das noch ergebnisorientiert auch bleibt. Also es muss ja auch unterm Strich was bei rauskommen, das erfordert schon eine Lehrerpersönlichkeit, die gibt es gar nicht so furchtbar häufig. [...] Ich würde auch heute noch soweit gehen zu sagen, nicht jeder Lehrer wird aufgrund seiner Persönlichkeit jahrgangsgemischt unterrichten können. Manche sollten die Finger davon lassen. Und insofern waren das diese Einzelgespräche, wo wir gesagt haben, der ist schon so lange so traditionell als frontaler Lehrer da vorne tätig, der wird das nicht hinkriegen und dann haben die das auch bestätigt, da haben sie gesagt, das ist nichts für mich.«

In den Aussagen beider Befragten wird deutlich, dass das jahrgangsgemischte Unterrichten mit der Fähigkeit verbunden wird, »beweglich« (agil) zu sein. Während der VSL als Voraussetzung die gemeinsamen Lernprozesse von Lehrerin bzw. Lehrer und Kindern herausstellt, in die er sich als Person einschließt, spricht die SL eher »verallgemeinernd« (z. B. »die Persönlichkeit eines Lehrers«) die Vorstellungen und Haltungen zur Unterrichtsgestaltung an. In beiden Stellungnahmen zeigt sich, dass Haltungen und Öffnung von Unterricht eng mit dem Unterrichtskonzept des jahrgangsübergreifenden Lernens verbunden werden.

2. Erfordernisse an die Unterrichtsgestaltung

Mit seinen Ausführungen zur Unterrichtsgestaltung gibt der VSL zu verstehen, dass es sich bei der Jahrgangsmischung nicht um eine rein organisatorische Gruppierung von Schülerinnen und Schülern handelt, sondern um die Entwicklung eines pädagogischen Konzepts, das die Öffnung von Unterricht und das Reflektieren des eigenen Handelns im Unterricht umfasst. Mit der Kritik am Abteilungsunterricht bezieht er sich auf die Gruppierung in einzelne Jahrgänge innerhalb eines Klassenzimmers, mit wiederum nach Jahrgängen unterteilten Aufgaben, was dem Jahrgangsklassensystem entsprechen würde. Das Arbeiten in Jahrgangsmischung erfordert seines Erachtens jedoch ein Umdenken in größeren »Spannweiten«, was sich vermutlich auf die Planung des Unterrichts in größeren Zeiträumen bezieht.

> »[…] Naja, es ist eben – also das eine geht nicht ohne das andere, also ich kann nicht jahrgangsübergreifend arbeiten, ohne den Unterricht zu öffnen. […] Also wenn – und ich muss natürlich mich davon verabschieden, dass ich der Regisseur des Ganzen bin also, dass das sehr stark auf mich persönlich zentriert ist. Also es geht nur individualisiert und in den kleinen Gruppen […]. Und jemand, der eben jetzt sagt, wir machen jetzt Jahrgangsmischung, der muss sich ganz intensiv natürlich auch damit befassen, wie kann ich den Unterricht öffnen? Weil das sonst kollidiert. Dann wird's vielleicht so ein Abteilungsunterricht oder sowas in der Richtung, dass man dann jedem sein Zeug zuteilt. Aber die natürlich trotzdem eigentlich homogen arbeiten und wenn man wirklich eine Durchmischung will, dann muss das so sein, dass man ganz anders rangeht, anders denkt und eine viel größere Spannweite auch in den Blick nimmt.«

In diesem Zusammenhang wird wiederum ein Bezug zur Lehrperson selbst hergestellt. Mit der Metapher des Regisseurs deutet der VSL daraufhin, dass Unterricht nicht allein auf seine Planung, Zielsetzung und auf seine Person fokussiert ist. Mit der Öffnung des Unterrichts verbindet er auch die Öffnung der eigenen Person im Hinblick auf die Perspektive der lernenden Kinder. Die Unterrichtsform, in der die Lehrkräfte den Kindern Wissen vermitteln, betrachtet er als obsolet und wechselt die Blickrichtung: Ausgehend von den Ideen der Lernenden bearbeitet er sein Lehranliegen, was er als einen Prozess der »Umkehr« bezeichnet.

> »[...] Ja und ich glaube auch, dass ich da eben ein ganzes Stück dann mich auch öffnen muss, dem, was eben die Lernenden tun, weil eben auch der – die ganze Lernform individualisiert sich auch viel stärker. Ja und ich muss also auf das eingehen, was die Kleingruppen oder die Einzelnen dann eben einzubringen wissen und muss das eher dann umgekehrt auf mein Lehranliegen vielleicht auch projizieren. Also meist ist es ja andersrum, dass ich hab' eine Idee und will die transportieren und dort ist es eben eher andersrum, dass die Lernenden die Idee haben und ich muss die vielleicht noch ein bisschen kanalisieren in die Richtung, was eben auch vielleicht aus meiner Sicht wichtig ist und das damit verbinden. Es ist also praktisch auch eine Umkehr.«

Während der VSL stärker darauf abhebt, als Lehrer die Lernbedürfnisse der Kinder zu berücksichtigen, thematisiert die SL speziell die Methoden, die sich für den Unterricht eignen. Sie berichtet über ihre eigenen Vorerfahrungen mit dem Wochenplan und über die Entscheidung bzw. den Prozess, Alternativen zur Wochenplanarbeit zu finden.

> »[...] Auch ich habe nicht mehr mitbringen können damals in die individuelle Arbeit als Wochenplanerfahrung und wir haben dann, als wir bei der ersten Mischung 1/2/3, spätestens bei 3 haben wir gesagt, wir können hier doch nicht neun Wochenpläne schreiben, da muss es was Anderes geben. [...] Wir haben mit Wochenplänen angefangen, wir haben dann die ›Lernwege‹ entdeckt in einer Fortbildung. Und da war ich mit einer Kollegin und habe gesagt, das ist es, das brauchen wir. Das haben wir uns abgeguckt, das haben wir hier selbst entwickelt und das war dann der Einstieg für alle weiteren Kollegen, die kamen, die es hier es dann auch praktisch gelernt haben. Lernwege war zu dem Zeitpunkt in Berlin noch gänzlich unbekannt, mittlerweile machen viele Schulen das schon so.«

Angeregt durch eine Fortbildung mit einer Kollegin hat sich die SL von den »Lernwegen« (▶ Kap. 6) inspirieren und überzeugen lassen und diese mit dem Kollegium für ihre Schule angepasst. Thematisiert werden explizit inhaltliche und organisatorische Aspekte des Unterrichts, die zu Veränderungen führen. Darüber hinaus berichtet die SL, wie im Kollegium Unterricht vorbereitet und reflektiert wird:

> »Die Lernwege, die kompetenzorientierten Werkstätten, ein Curriculum dazu zu schreiben, wie mache ich das praktisch? Das ständige Austauschen im Team, wo sind die Stolpersteine? Was können wir dagegen tun? All diese Dinge haben sich dann parallel dazu entwickelt.«

Während die SL den Schwerpunkt auf die Konkretisierung der gemeinsamen Planung und Entwicklung von Unterricht legt und den Austausch im Team sowie die Reflexion der Qualität von Unterricht anspricht, fokussiert der VSL in seinen Ausführungen die Haltung von Lehrkräften im jahrgangsgemischten Unterricht. Ausgangspunkt für das Lernen spielt hier die Perspektive der Schülerinnen und Schüler.

Mit Fragen der Unterrichtsgestaltung ist auch der jährliche Wechsel der Klassenzusammensetzung eng verbunden. Der VSL berichtet über den Prozess, sich jährlich mit dem Aufnehmen von neuen Kindern in die Klasse und dem (gleichzeitigen) Verabschieden der Kinder, deren Schullaufbahn sich in einer weiterführenden Schule fortsetzt, befassen muss. Das hat die Auseinandersetzung mit der »eigenen Kultur« zur Folge:

»[…] [D]ass man sich jedes Jahr mit Evaluation seiner eigenen Kultur befassen muss, finde ich einen ganz wichtigen Prozess, weil ich eben Kinder abgeben muss, und die muss ich auch gut verabschieden und gleichzeitig nehme ich neue auf. Und da muss ich mir als Gruppe auch überlegen, wie nehme ich die denn auf? Also wie verabschiede ich die einen, wie nehme ich die andern auf? Also dieses Willkommen und Abschied ist nach meinem Dafürhalten ein ganz wichtiger Reinigungsprozess auch immer wieder, weil man ja, die nehmen ja auch Sachen mit, also es werden auch Sachen weggeräumt im Grunde genommen und Platz geschaffen wieder für Neues.«

Die Metapher des Reinigungsprozesses kann dahingehend interpretiert werden, dass durch das Aufräumen im Klassenzimmer wieder Raum (Offenheit) für Neues entstehen kann. Insofern lässt sich dieser Prozess in seiner Dynamik als ein Herstellen von Ordnung, Übersichtlichkeit und Ästhetik im Hinblick auf eine strukturierte Lernumgebung als förderliche Voraussetzung des Lernens betrachten. Auch die Schulleiterin spricht den Raum an, allerdings als eine Konstante, die Verlässlichkeit verkörpert, indem zwar immer ein Wechsel innerhalb der Gruppe stattfindet, aber insgesamt eine gewisse Stabilität herrscht.

»[…] [I]n den Räumen, in der Ausstattung, in den Personen, die dort drin unterrichten, aber die Kinder rein und raus rotieren. Dann ist das eine derartige Konstante über die Jahre, das heißt, das Schuljahr muss nicht jedes Jahr neu geplant werden, im Sinne von Frau Maier hat eine sechste Klasse abgegeben und soll jetzt eine erste übernehmen, will das aber gar nicht, hätte lieber eine Vierte, aber ist gar nicht da. Also die Unruhe, die gibt es gar nicht und die Verlässlichkeit und die Kontinuität, die ist so groß, dass es diese Ruhe hier auch in die Erwachsenen reinbringt und die ist spürbar und die macht sich natürlich auch auf die Kinder bemerkbar. Das gilt auch bis hin zu den Erziehern, die immer für dieselben Klassen zuständig bleiben. In der jahrgangsgleichen Variante sind die Erzieher zwei Jahre in ihrer Klasse, die eingeschult wurden und dann müssen sie wieder die Klasse wechseln. Daraus entstehen nie Klassenteams zwischen Lehrern und Erziehern.«

Die Unterrichtsgestaltung ist nicht unabhängig vom Raum zu betrachten, in dem Unterricht stattfindet. Er kann einerseits zur Auseinandersetzung in Bezug auf Materialien anregen, die vorhanden sein sollten, aber auch wiederum mit einzelnen Kindern »verbunden« sind und von diesen beim Klassenwechsel mitgenommen werden. Die Veränderung eines Raumes kann auch dazu dienen, sich für Wechsel zu öffnen. Andererseits wird der Raum auch als verlässliche Konstante betrachtet, in der feststehende Teams zusammenarbeiten und damit gegenüber den Kindern eine gewisse Ruhe ausstrahlen.

3. Entwicklung von Kompetenzen

In Bezug auf das Lernen der Kinder im jahrgangsgemischten Unterricht wird in beiden Interviews die Entwicklung von kognitiven und sozialen Kompetenzen eng miteinander verbunden. Zunächst werden die Chancen der Jahrgangsmischung für die Kompetenzentwicklung ausgehend vom Lernen der jüngeren Kinder entfaltet. Der VSL berichtet diesbezüglich von der Anbahnung eines umfangreichen Weltwissens, von Lern- und Sozialkompetenzen.

> »[...] [D]ie reden eben schon am Ende der ersten Jahrgangsstufe – sind die bei Gesprächen dabei, wo es um die Zusammensetzung der Erdatmosphäre geht, und hören, was von Stickstoff und Wasserstoff und von was weiß ich, Kohlendioxid und so weiter. Und reden über sowas und sind dort dabei und die entwickeln damit ein enormes Weltwissen und vor allen Dingen sehr, sehr viele Lern- und Sozialkompetenzen. [...] wir arbeiten ja mit unseren Kompetenzrastern, wo der Lehrplan ja im Grunde abgebildet ist, und der wird ja erfüllt, also das ist ja auch eine Verpflichtung der Grundschule, dass wir die Lehrplanziele erreichen.«

Die Aussagen zur Kompetenzentwicklung werden vom VSL durch die Erwähnung der Arbeit mit dem Kompetenzraster ergänzt, womit er verdeutlicht, dass der Verpflichtung, den Lehrplan zu erfüllen, auch mit dem Unterrichtskonzept der Jahrgangsmischung nachgekommen werden kann. Auch die SL spricht über die Förderung von Kompetenzen und damit verbunden mit einem »gesogen werden« (vgl. Interviewauszug), womit sie meint, dass die jüngeren Schülerinnen und Schüler von den älteren in Bezug auf deren Kompetenzen angezogen werden – ein Prozess, der von den Lehrkräften gut begleitet werden muss. Ihrer Aussage zufolge

> »[...] befördert das jahrgangsübergreifende Lernen natürlich auch ganz viele Kompetenzen [...]. Also die Jüngeren werden enorm gesogen, das ist gleichzeitig auch vielleicht ein bisschen ein kleines Gefährdungspotenzial, was man gut betreuen muss. Dass die Jüngsten vielleicht auch nicht überfordert werden und Dinge überspringen, die vielleicht auch folgerichtig sinnvoll sind.

7.2 Interviews mit Schulleitungen: Zur Implementierung von Jahrgangsmischung

> Also vielleicht beim Rechnen zum Beispiel, dass man eben doch erstmal eine Mengenerfahrung auch haptisch macht, als dass man dann gleich irgendwie in Matheheften rumrechnet, was die bei den Großen eben sehen und dann auch gerne wollen. Das sind so Sachen, da muss man ein bisschen aufpassen, glaub ich. [...] Also das muss man sicher gucken, andererseits ist der Sog, glaube ich, schon sehr herausfordernd und die lernen enorm viel auch von den Großen. Und das ist schon toll. Und auch das, dass Ältere natürlich sowohl sozial aktiv werden in der Begleitung auch Jüngerer. Aber eben auch dort ein Betätigungsfeld haben im Repetieren und im nochmal neu Aufbereiten von eigenem Wissen. Das ist, glaube ich, auch nochmal für das eigene Lernen der Älteren dann natürlich auch total sinnvoll. [...] Also da ist also nicht nur ein Betreuungsaspekt darin, sondern eben auch ein eigner Lerneffekt.«

Auch das Lernen der Älteren wird von der SL angesprochen: Sie begleiten die Jüngeren in sozialer Hinsicht, profitieren aber auch auf kognitiver Ebene, indem sie Gelerntes wiederholen.

Gemeinsam ist beiden Befragten, dass sie der Entwicklung sozialer Kompetenzen einen hohen Stellenwert einräumen. In beiden Schulen existiert ein Patensystem unter den Kindern, das die Entwicklung des sozialen Miteinanders unterstützen soll. Ausschlaggebend hierfür ist für den VSL die Entwicklung einer »guten Kultur«.

> »Also einen ganz wesentlichen Vorteil sehe ich persönlich da drin, dass die Sozialisierungsprozesse für eine Gruppe von 28 bis 30, 32 Kindern, dass der viel vereinfachter läuft, weil der im Prinzip, wenn eine gute Kultur herrscht, die ich einmal etabliere schrittweise und die natürlich sich auch in einer Entwicklung befindet, aber trotzdem irgendwie ja da ist, wenn ich dort nur acht Kinder hinzufügen muss oder wenn die einfach dazu kommen. Das ist [...] praktisch ein Austausch von acht Kindern, wenn man es so will. [...] Also man ist dann auch nicht mehr der ganz junge Novize, sondern man ist dann eben schon nicht mehr Novize und wird Pate vielleicht von Novizen und so weiter. Aber dennoch ist eben dieser ganze Prozess, anzukommen und wie funktioniert jetzt das System Schule, wie funktioniert das in – früher hieß es dann eben Klasse – wie funktioniert das in der Stammgruppe?«

Während der VSL mit den Sozialisierungsprozessen das Hineinwachsen in eine Lern- bzw. Stammgruppe beschreibt, weist die SL auf das Ergebnis, den »netten« Umgang der Kinder untereinander hin, den sie als besonderes Merkmal jahrgangsgemischten Unterrichts herausstellt.

> »Also dieses Patenprinzip ist hier etabliert. Das ist auch deutlich im Sozialverhalten aller Schüler – trotz dieser Gegend, finde ich das bemerkenswert, zu

spüren, sagen auch immer Außenstehende, wie nett die Kinder miteinander umgehen. Das ist das Produkt der Altersmischung und das ist auch bei den Eltern angekommen.«

Der »nette« Umgang der Kinder miteinander scheint für die SL ein Merkmal zu sein, das offensichtlich auch die Eltern von der Jahrgangsmischung überzeugen konnte. Darüber hinaus wird in beiden Interviews festgestellt, dass das Konkurrenzverhalten zwischen den Kindern offenbar eine geringere Rolle spielt als in der Jahrgangsklasse. Der VSL äußert dazu Folgendes:

»Was durch die Jahrgangsmischung auch auf jeden Fall sehr auffällig anders ist als in der Jahrgangshomogenität, ist das, was ich anfangs sagte, also diese Konkurrenzsituationen, die treten viel geringer auf. Natürlich fühlen sich die Kinder so immer, ab letztem Schulhalbjahr in der Grundschule fühlen die sich schon als die Großen, das ist klar.«

Auf den Wechsel der Rollen vom jüngeren zum älteren Kind geht auch die SL ein, die die Dreigliederung der Rollen nach Peter Petersen (▶ Kap. 2.3) in ihre Überlegungen einbezieht und feststellt, dass im jahrgangsgemischten Unterricht aufgrund der Wechsel keine starren Rollenzuschreibungen stattfinden.

»[...] Also ein Drittklässler ist unheimlich wild darauf, jetzt in die Vierte wechseln zu dürfen: Ich bin jetzt der Große. Und das ist übrigens ein weiterer, finde ich, Riesenvorteil der Jahrgangmischung, dieses Lehrling-Geselle-Meister-Prinzip und dann wieder: Ich bin wieder der Kleine, ich bin wieder der Mittlere, ich bin wieder der Große. Wir haben niemals diese Kinder, die alle kennen, die schon in der ersten Klasse [...] so sehr retardiert in ihrem Verhalten waren, die blieben das in der Regel sechs Jahre lang, weil sie aus dieser Rolle nie rausgekommen sind. In der Jahrgangsmischung hat man das nicht. Und diese Herabsetzung der Konkurrenz unter Gleichaltrigen, die gibt es eben auch nicht.«

Der Rollenwechsel leistet den Aussagen zufolge einen wesentlichen Beitrag zur Entwicklung sozialer Kompetenz bei den Schülerinnen und Schülern, indem soziale Zuschreibungen und Konkurrenzverhalten weniger ins Gewicht fallen.

4. Umgang mit Leistungsbewertung

Die Frage nach den Erfahrungen mit der Leistungsbewertung zeigt sich bei beiden Befragten als heikles Thema. Übereinstimmend zeigen die Antworten, dass die Leistungsbewertung mittels Zensuren als großes Problem betrachtet wird. Der VSL äußert dies in Vergleichen mit Krankheitssymptomen wie »Bauchschmerzen« und »schädliche Nebenwirkungen«, sodass die Problematik mit körperlichem Unwohlsein assoziiert wird.

> »[...] Wir haben in unsrer Schulgenehmigung das einfach auch drinstehen, dass wir in der vierten Jahrgangsstufe benoten sollen. Und wir tun es mit vielen Bauchschmerzen, jedes Jahr entsteht wieder die Diskussion darum, weil keiner macht das gerne und man merkt das sofort.«

Deutlich wird, dass die Lehrkräfte hier entsprechend der institutionellen Vorgaben handeln müssen, dies aber offensichtlich mit wenig Überzeugung tun. Als einen Ausweg, mit dem Dilemma umzugehen, sieht der VSL das gemeinsame Gespräch.

> »[...] [U]nd wir versuchen aber, eben die schädlichen Nebenwirkungen so gering wie möglich zu halten und darüber ins Gespräch zu kommen. Und das scheint eine gute Sache zu sein, wenngleich wir vom Gefühl her sagen würden, wenn wir es nicht machen müssten, wären wir auch froh.«

Der VSL konkretisiert die Umgangsweise mit Zensuren wie folgt:

> »[...] Und also wir handhaben es so, dass wir uns auf wenige Noten verständigen, die eben durch unterschiedliche Kompetenzen nachgewiesen werden können. Also es gibt ja auch zwischendurch durchaus Kompetenznachweise. Also das gibt es schon, dass Kinder also zu bestimmten Zeiten eben auch Kompetenzen einfach beweisen müssen, nicht alle kann man einfach so einschätzen. Also sage ich mal, in der Mathematik ist das so, dass man da schon auch mal sein Wissen testet und dann genauso läuft das dann eben auch in der vierten Jahrgangsstufe, dass die dann eben auch Tests schreiben und da drauf dann eben Noten bekommen. Und wir haben aber die Regelung, dass wir das immer koppeln an ein Verbalurteil, das auch meistens schriftlich zu dem Test dann gegeben wird, sodass eben von vornherein klar wird, den Kindern auch, was die Note bedeutet.«

Das Kollegium der Schule in freier Trägerschaft verständigt sich nach Aussage des VSL auf wenige Noten, die aufgrund verschiedener Kompetenznachweise entstehen. Auch benotete Tests spielen eine Rolle, wobei die Zensur durch ein Verbalurteil ergänzt wird. Damit soll den Kindern die Bedeutung der Zensuren erläutert werden.

Mit der Zensurengebung ist auch die SL nicht zufrieden und würde sie gern vor allem im Hinblick auf die Jahrgangsmischung abschaffen. Sie begründet dies mit dem Spannungsfeld, sich einerseits an der individuellen Bezugsnorm orientieren zu wollen und andererseits der Selektionsfunktion der Schule unterworfen zu sein. Sie sieht daher einen sensiblen Umgang mit der Notengebung als wichtig an und strebt bei Möglichkeit den Rückgriff auf Nachteilsausgleiche an. Auch intensive Gespräche mit den Eltern betrachtet sie als Notwendigkeit. Trotz dieser Bemühungen wählt sie für den Umgang mit Noten das Sinnbild des Eiertanzes:

> »Benotung ist nicht schön. Ich würde jedem empfehlen, der die Altersmischung bis sechs komplett macht, zu sagen, versuch ganz schnell, auch die Noten abzuschaffen. [...] Aber Noten als Leistungsbewertung passt nicht zur individuellen Arbeit, passt einfach wirklich nicht. [...] [E]in Kind an sich selber zu messen ist eigentlich der obere Anspruch, passt aber auch nicht zu der Selektionsfunktion, also insofern braucht es sehr sensible Vorgehensweisen der Lehrer. Wir arbeiten mit Nachteilsausgleichen aber auch nur da, wo wir es dürfen und an anderen Stellen mit vielen Gesprächen mit den Eltern und also es ist immer – es bleibt ein Eiertanz.«

Auch in der Berliner Regelschule gibt es erst ab der vierten Klasse Noten. Im Hinblick auf die Jahrgangsmischung des ersten bis dritten Jahrgangs und der Jahrgänge vier bis sechs bedeutet die Notengebung ab dem vierten Jahrgang, dass die Kinder mit dem Wechsel in die »obere Mischung« auch zum ersten Mal mit Zensuren konfrontiert sind. Dazu meint die SL:

> »[...] [A]lso bis Klasse drei gibt es sowieso keine Noten, aber ab Klasse vier. Und wir wissen um die sensible Stelle, wenn die dann in die obere Mischung aufrücken. Die klein sind und gleich Noten kriegen, ist nicht einfach. Aber wir haben die Noten relativiert innerhalb dieses Leistungsbewertungskonzepts, so haben wir es genannt, zugunsten von Präsentationen, zu anderen Formen der Leistung, die nicht Klassenarbeiten ersetzen und auch nicht Tests, aber die dazu genommen werden mit entsprechend prozentual höherer Bewertung. Wohlwissend, dass wir nach sechs eine Selektionsfunktion haben, die aber schon mit Klasse fünf anfängt, weil dann die Zeugnisse schon gelten.«

Eine Möglichkeit des Umgangs mit Noten wird darin gesehen, Konzepte zur Leistungsbewertung zu entwickeln, in denen Präsentationen der Kinder höher bewertet werden als Klassenarbeiten und Tests – trotz Selektionsfunktion der Schule.

III. Empfehlungen

Befragt nach ihren Empfehlungen zum Prozess der Einführung jahrgangsgemischten Unterrichts gaben die Befragten entsprechend ihrer Erfahrungen folgende Hinweise, die vor allem die Bereiche der Unterrichtsentwicklung und der Elternarbeit betreffen.

7.2 Interviews mit Schulleitungen: Zur Implementierung von Jahrgangsmischung

1. Unterrichtsentwicklung

Der VSL geht bei der Unterrichtsentwicklung von eher geschlossenen zu offenen Formen aus und empfiehlt, diesen Prozess schrittweise zu vollziehen:

> »[...] [W]enn man über Jahrgangsmischung nachdenkt und vorher noch nie offen gearbeitet hat, dass man natürlich den Weg in die Jahrgangsmischung damit beginnt, dass man zunächst erstmal offen arbeitet, also schrittweise eine Öffnung des Unterrichts vornimmt. Wichtiger Aspekt ist nach meinem Dafürhalten auch, dass das alleine auch schwer geht, also das heißt, eine Kollegin, ein Kollege in einer jahrgangsgemischten Gruppe ist auch schwierig, weil das lebt davon auch das offene Arbeiten, dass man auch ein Team Teaching hat, also das würde ich auch auf jeden Fall empfehlen.«

Dem kollegialen Austausch bzw. dem Team Teaching misst der VSL eine große Bedeutung bei, da die Umsetzung der Jahrgangsmischung seines Erachtens als einzelne Person unmöglich ist. Darüber hinaus ist für ihn das Team Teaching positiv konnotiert, da es zur Arbeitserleichterung führt.

Die SL äußert sich zum Prozess der »konkreten« Umstellung, die ihr zufolge sehr zeitintensiv, aber lohnend war dahingehend, dass jahrgangsgemischter Unterricht als Entlastung wahrgenommen werden kann.

> »Allerdings war der Einstieg sehr zeitintensiv, aber heute wird die Jahrgangsmischung als eher entlastend betrachtet. Die Klassenzimmer sind eingeräumt, die Methoden ritualisiert, Arbeitsteilung wird geschätzt und das Kollegium ist entspannt.«

Beiden Aussagen gemeinsam ist die Empfehlung, im Team und damit in Arbeitsteilung zu arbeiten, was eine Erleichterung des Arbeitsalltags nach sich zieht. Ist die Routine eingekehrt, kann das Kollegium entspannt arbeiten.

2. Elternarbeit

Die Empfehlungen zur Elternarbeit werden vom VSL ausgesprochen, der aufgrund seiner Erfahrungen folgende Überlegungen formuliert:

> »Also das würde ich heute, wenn ich es beraten müsste, so ein Etablierungsprozess würde ich das also als ganz wichtigen Punkt mit sehen, dass die Teilhabe der Eltern gut gesichert sein muss. [...] Und da wäre es sicher sinnvoll, am Anfang auch die Eltern befragt zu haben: Was befürchtest du denn, wenn du das hörst und so weiter. Dann fühlen die sich schon einbezogen und dann sagt man: Ja, wir haben das und das und das an Befürchtungen, haben wir

> hier und hier und hier berücksichtigt. Da wird das wieder zurückgekoppelt, dann merken die: Aha, die nehmen das ernst, was gemacht wird, und also die Entwickler und dann stellt man das Konzept vor, die können Fragen dazu stellen, Dinge nachfordern, vielleicht die gerade die Elternarbeit betreffen oder so. Und dann hat man also eine ständige Zusammenarbeit und das ist, glaube ich, der Lernprozess, den wir da auch gehabt haben, dass eben eine Transparenz und eine Teilhabe, dass die eben im Prinzip Prozesse absolut erleichtern kann. Also man befürchtet meistens, dass man so ungelegte Eier lieber nicht veröffentlicht, weil das zu viel Unruhe bringt. Und in Wirklichkeit passiert das aber nicht, wenn man's gut macht.«

In der Äußerung des VSL zeigt sich, dass er für einen (inhaltlichen) Einbezug von und den Austausch mit den Eltern plädiert, der offen die Befürchtungen der Eltern anspricht, sodass sich Eltern in ihren Bedenken ernstgenommen fühlen und Wertschätzung erfahren. Transparenz und Partizipation werden als Faktoren betrachtet, die den Prozess der Implementierung erleichtern.

7.3 Zusammenfassung

Im abschließenden Abschnitt werden die Ausführungen aus 7.1 und 7.2 in einer Übersicht zusammengeführt. Damit kann einerseits schematisch aufgezeigt werden, wie sich die einzelnen Entwicklungsphasen bei der Innovation vom jahrgangshomogenen zum jahrgangsheterogenen Unterricht in den Schulen vollzogen. Andererseits wird aber auch deutlich, dass sich die Prozesse der Einzelschulen nicht ohne weiteres in das Ablaufschema einordnen lassen, da Umwege, Rückschritte und Übergangsphasen kaum abgebildet werden können. Dies soll mit den sich überschneidenden Phasen zumindest angedeutet werden (vgl. Giaquinta 1973, 197).

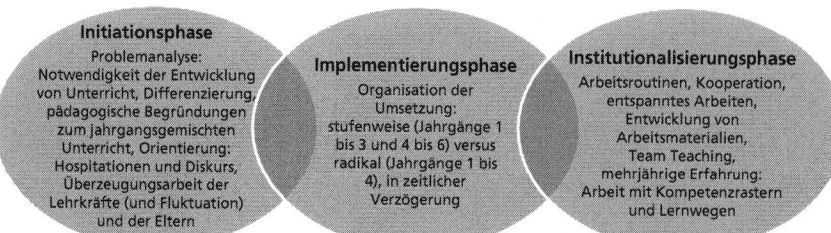

Abb. 10: Interviewergebnisse übertragen auf das Phasenschema nach Giaquinta (eigene Darstellung)

Da sich im Phasenschema keine Gelingensbedingungen finden lassen, werden diese anhand der vier Merkmalsebenen nach Gräsel (2010, 10–12, ▶ Kap. 7.1) zusammengefasst. Trotz unterschiedlicher Rahmenbedingungen (Gesetzeslage, Einzugsbereich der Schulen, Klassenkombinationen, Erfahrungen der Schulleitungen, Partizipation der Eltern) lassen sich folgende Übereinstimmungen im Entwicklungsprozess herauskristallisieren (▶ Tab. 4).

Tab. 4: Merkmalsebenen und Interviewaussagen (eigene Darstellung)

Merkmalsebene	Interviewaussagen
Innovation	Jahrgangsmischung als gewinnbringendes pädagogisches Entwicklungskonzept, das zur Förderung der Kompetenzen der Schülerinnen und Schüler im kognitiven und sozialen Bereich beiträgt Pädagogische Begründungen: explizit zum Austausch zwischen Älteren und Jüngeren, zum Umgang miteinander und zum Rollenwechsel
Pädagogische Fachkräfte	Grundüberzeugung der pädagogischen Fachkräfte für das Entwicklungskonzept muss vorhanden sein Persönlichkeitsstrukturen: agil, kreativ, spontan, lernbegierig, offen für offenen Unterricht, Öffnung der eigenen Person, Kooperation im Kollegium bzw. Team Teaching
Einzelschule	Schulleitungen als Initiatorinnen und Initiatoren unterstützen Abstimmungen im Kollegium, Kollegium muss »mitgenommen« werden Eltern müssen einbezogen werden
Umfeld	• Rahmenbedingungen durch Schulgesetz: Abstimmung ist möglich • Gemeinsamer Besuch von Fortbildungen, Kooperation • Hospitationen (Vernetzung) • notwendige Zeitressourcen

Herauszustellen ist bei beiden Schulen, dass eine hohe Fluktuation in den Kollegien erfolgte, obwohl offensichtlich eine längere Zeitspanne für Auseinandersetzungen, Diskussionen und das Kennenlernen von Jahrgangsmischung stattgefunden hat. Die von der Jahrgangsmischung überzeugten Lehrkräfte und das entsprechend ausgewählte neue Personal haben offensichtlich – auch im Zusammenhang mit den Gelingensbedingungen – einen wesentlichen Ausschlag dafür gegeben, dass Jahrgangsmischung in beiden Schulen institutionalisiert werden konnte.

Literatur

Aber-Bengtsson, L. (2009): The Smaller the Better? A Review of Research on Small Rural Schools in Sweden. In: International Journal of Educational Research, 48(2), pp. 100–108.
Achermann, E./Gehrig, H. (2011): Altersdurchmischtes Lernen. Auf dem Weg zur Individualisierenden Gemeinschaftsschule. Bern: Schulverlag plus AG.
Ahlring, I./Messner, R. (2003): Hessische Versuchsschulen – eine Bilanz. Wissenschaftliches Gutachten im Auftrag des Hessischen Kultusministeriums nach dem ersten Durchgang von sechs Schülerjahrgängen. Universität Kassel: Typoskript.
Aksoy, N. (2008): Multigrade schooling in Turkey: An overview. In: International Journal of Educational Development, 28(2), pp. 218–228.
Albers, S./Hameyer, U./Schusdziarra, G. (Hrsg.) (1997): Flexible Schuleingangsphase in der Grundschule. Sechs Porträts aus der Praxis. Kronshagen: Eigendruck.
Arbeitskreis wissenschaftliche Begleitung (Hrsg.) (2006): Schulanfang auf neuen Wegen. Abschlussbericht zum Projekt. Stuttgart: Ministerium für Kultus, Jugend und Sport Baden-Württemberg. Unter: https://www.km-bw.de/site/pbs-bw2/get/documents/KULTUS.Dachmandant/KULTUS/kultusportal-bw/zzz_pdf/Abschlussbericht_24-07.pdf (abgerufen am 30.04.2021).
Arndt, P. (2015): Ausgewählte Ergebnisse der Wissenschaftlichen Begleitung zum Modellprojekt »Bildungshaus 3 - 10«. Information für Entscheidungsträger. Unter: http://www.znl-bildungshaus.de/Wissenschaftliche_Begleitung/Ausgewaelte_Ergebnisse/Wissenschaftliche_Begleitung_des_Bildungshauses_Ausgewaehlte_Ergebnisse_ZNL.pdf (abgerufen am 11.04.2021).
Arndt, P./Kipp, K. H. (Hrsg.) (2016): Bildungshaus 3–10: Intensivkooperation und ihre Wirkung. Ergebnisse der wissenschaftlichen Begleitung. Leverkusen: Barbara Budrich.
Bandura, A. (1977): Lernen am Modell. Ansätze zu einer sozial-kognitiven Lerntheorie. Stuttgart: Klett.
Bannach, M. (2014): Aufbau von Kompetenzen – Vom selbstorganisierten zum selbstbestimmten Lernen. In: Rihm, T. (Hrsg.): Teilhaben an Schule. Zu den Chancen wirksamer Einflussnahme auf Schulentwicklung. 2. und erweiterte, aktualisierte Auflage. Wiesbaden: Springer VS, S. 99–112.
Bayer, N./Moser, U. (2009): Wirkungen unterschiedlicher Modelle der Schuleingangsstufe auf den lern- und Entwicklungsstand: Erste Ergebnisse einer Längsschnittstudie. In: Zeitschrift für Grundschulforschung. Bildung im Elementar- und Primarbereich, 2(1), S. 20–34.
Bendorf, M. (2013): Bedingungen und Mechanismen des Wissenstransfers. Lehr- und Lernarrangements für die Kundenberatung in Banken. Wiesbaden: Deutscher Universitätsverlag.
Bohl, T./Batzel, A./Richey, P. (2012). Öffnung – Differenzierung – Individualisierung – Adaptivität. In: Bohl,T./Bönsch, M./Trautmann, M./Wischer, B. (Hrsg.): Binnendifferenzierung. Teil 1: Didaktische Grundlagen und Forschungsergebnisse zur Binnendifferenzierung im Unterricht. Immenhausen: Prolog, S. 40–69.
Bohl, T./Kucharz, D. (2010): Offener Unterricht heute. Konzeptionelle und didaktische Weiterentwicklung. Weinheim und Basel: Beltz.
Bormann, I. (2011): Zwischenräume der Veränderung. Innovationen und ihr Transfer im Feld von Bildung und Erziehung. Wiesbaden: VS Verlag.

Bosse, U./Demmer-Dieckmann, I./Firek, C./Lenzen, K. D./Sandmeyer, M./Schrempf, V./Zimmer, B. (1999): Gemischt oder gleich? Wie Schulen die Arbeit in jahrgangsgemischten Gruppen gestalten. Werkstattheft 18, Bielefeld.
Bräu, K. (2005): Individualisierung des Lernens – Zum Lehrerhandeln bei der Bewältigung eines Balanceproblems. In: Bräu, K./Schwerdt, U. (Hrsg.): Heterogenität als Chance. Vom produktiven Umgang mit Gleichheit und Differenz in der Schule. Münster: Lit, S. 125–149.
Bräu, K. (2015): Schüler-Lehrer-Gespräche: Lernberatung. In: de Boer, H./Bonanati, M. (Hrsg.): Gespräche über Lernen – Lernen im Gespräch. Wiesbaden: Springer VS, S. 125–142.
Breidenstein, G. (2014): Die Individualisierung des Lernens unter Bedingungen der Institution Schule. In: Kopp, B./Martschinke, S./Munser-Kiefer, M./Haider, M./Kirschhock, E.-M./Ranger, G./Renner, G. (Hrsg.): Individuelle Förderung und Lernen in der Gemeinschaft. Jahrbuch Grundschulforschung Band 17. Wiesbaden: Springer VS, S. 35–50.
Breidenstein, G./Rademacher, S. (2017): Individualisierung und Kontrolle. Empirische Studien zum geöffneten Unterricht in der Grundschule. Wiesbaden: Springer VS.
Breit, S./Eder, F./Krainer, K./Schreiner, C./Seel, A./Spiel, C. (Hrsg.) (2019): Nationaler Bildungsbericht Österreich 2018, Band 2. Fokussierte Analysen und Zukunftsperspektiven für das Bildungswesen. Graz: Leykam. Unter: https://oeibf.at/wp-content/plugins/zotpress/lib/request/request.dl.php?api_user_id=2190915&dlkey=ECGWAXVU&content_type=application/pdf (abgerufen am 16.04.2021).
Brügelmann, H. (2011). Den Einzelnen gerecht werden – in der inklusiven Schule. Mit einer Öffnung des Unterrichts raus aus der Individualisierungsfalle! In: Zeitschrift für Heilpädagogik, 62(9), S. 355–362.
Brüning, L./Saum, T. (2008). Erfolgreich unterrichten durch Kooperatives Lernen 1. Strategien zur Schüleraktivierung. 4. überarbeitete Auflage, Essen: NDS Verlagsgesellschaft.
Bühnemann, H. (1950): Die wenig gegliederte Landschule. Lübeck: Wullenwever.
Burk, K. (Hrsg.) (1996): Jahrgangsübergreifendes Lernen in der Grundschule. Mehr gestalten als verwalten. Teil 12. Frankfurt am Main: Der Grundschulverband.
Burk, K. (2007): Schulklasse und Jahrgangsprinzip. In: de Boer, H./Burk, K./Heinzel, F. (Hrsg.): Lehren und Lernen in jahrgangsgemischten Klassen. Frankfurt am Main: Grundschulverband, S. 18–31.
Carle, U./Berthold, B. (2004): Schuleingangsphase entwickeln. Leistung fördern. Wie 15 Staatliche Grundschulen in Thüringen die flexible, jahrgangsgemischte und integrative Schuleingangsphase einrichten. Baltmannsweiler: Schneider.
Carle, U./Metzen, H. (2009): Die Schuleingangsphase lohnt sich! Erfolgsmomente für die bestmögliche Entwicklung des landesweiten Schulentwicklungsvorhabens ›Begleitete Schuleingangsphase‹ in Thüringen. Bericht der wissenschaftlichen Begleitung nach zweieinhalb Jahren ›BeSTe‹ (2005–2008). Bremen: Universität Bremen.
Carle, U./Metzen, H. (2014): Wie wirkt Jahrgangsübergreifendes Lernen? Internationale Literaturübersicht zum Stand der Forschung, der praktischen Expertise und der pädagogischen Theorie. Eine wissenschaftliche Expertise des Grundschulverbandes. Frankfurt am Main: Grundschulverband.
Cornish, L. (2010). Multiage Classes – What's in a Name? In: Journal of Multiage Education, 4(2), pp. 7–10.
Dalin, P./Rolff, H.-G./Buchen, H. (1996): Institutioneller Schulentwicklungs-Prozeß. Ein Handbuch. 3. Auflage, Bönen: Kettler.
Darling-Hammond, L. (1988): Policy and professionalism. In: Lieberman, A. (Ed.): Building a professional culture in schools. New York: Teachers College Press, pp. 57–77.
de Boer, H. (2018): Joint meaning making im Forschungsdiskurs zu philosophischen Gesprächen mit Kindern. In: de Boer, H./Michalik, K. (Hrsg.): Philosophieren mit Kindern – Forschungszugänge und -perspektiven. Opladen, Berlin und Toronto: Verlag Barbara Budrich, S. 33–45.
de Boer, H./Bonanati, M. (Hrsg.) (2015): Gespräche über Lernen – Lernen im Gespräch. Wiesbaden: Springer VS.

Demmer-Dieckmann, I. (2005): Wie reformiert sich eine Reformschule? Eine Studie zur Schulentwicklung an der Laborschule Bielefeld. Bad Heilbrunn: Klinkhardt.
Desimone, L. (2002): How Can Comprehensive School Reform Models Be Successfully Implemented? In: Review of Educational Research, 72(3), 433–479.
Diehm, I. (2004): Kindergarten und Grundschule. In: Helsper, W./Böhme, J. (Hrsg.): Handbuch Schulforschung. Wiesbaden: Springer VS, S. 529–548.
Diehm, I./Scholz, G. (2003): Vom Lernen der Kinder – ein Paradigmenwechsel in Kindergarten und Schule. In: Laging, R. (Hrsg.): Altersgemischtes Lernen in der Schule. 2. korrigierte Auflage, Baltmannsweiler: Schneider, S. 39–53.
Dinkelaker, J. (2018): Lernen Erwachsener. Stuttgart: Kohlhammer.
Drefenstedt, E./Beyer, U. (1957): Fragen der Landschulentwicklung in der DDR. In: Müller J./Drefenstedt, E./Beyer, U.: Die Landschule in der Bundesrepublik Deutschland und der Deutschen Demokratischen Republik. Schwelm b. Westfalen: Schule und Nation, S. 103–152.
Drews, U./Durdel, A. (1998): Jahrgangsübergreifende Lerngruppen. In: Haarmann, D. (Hrsg.): Wörterbuch Neue Schule. Die wichtigsten Begriffe zur Reformdiskussion. Weinheim: Beltz, S. 86–90.
EDK-Ost 4bis8, Erziehungsdirektoren-Konferenz der Ostschweizer Kantone und des Fürstentums Liechtenstein (Hrsg.) (2010): Projektabschlussbericht. Erziehung und Bildung in Kindergarten und Unterstufe im Rahmen der EDK-Ost und Partnerkantone.
Fauser, P. (2008): Jenaplan. Zwei Konzepte moderner Schule. In: John, G./Frommer, H./Fauser, P. (Hrsg.): Ein neuer Jenaplan. Befreiung zum Lernen. Die Jenaplan-Schule Jena 1991–2007. Seelze-Velber: Friedrich, S. 8–22.
Faust, G. (2006): Zum Stand der Einschulung und der neuen Schuleingangsstufe in Deutschland. In: Zeitschrift für Erziehungswissenschaft, 9(3), S. 328–347.
Fickermann, D./Weishaupt, H./Zedler, P. (1998): Kleine Grundschulen in Europa. Weinheim: Beltz.
Fippinger, F. (1967): Empirische Untersuchungen zur Leistung von Schülern in voll und wenig gegliederten Schulen. In: Schule und Psychologie, 14(4), S. 97–103.
Frommer, H./John, G./Müller, B. (2008): Die Struktur der Jenaplan-Schule. In: John, G./Frommer, H./Fauser, P. (Hrsg.): Ein neuer Jenaplan. Befreiung zum Lernen. Die Jenaplan-Schule Jena 1991–2007. Seelze-Velber: Friedrich, S. 23–40.
Fullan, M. G. (1982). The meaning of educational change. Toronto: OISE Press.
Fullan, M. G. (1991). The new meaning of educational change (2nd ed.). London: Cassell Educational Limited.
Fullan, M. G. (2007). The new meaning of educational change (4th ed.). New York und London: Teachers College Press.
Furch-Krafft, E. (1979): Schulische Organisation im Primarbereich und Leistungsverhalten – Ein Vergleich der Schulleistungen von Schülern aus voll und wenig gegliederten Grundschulen. In: Zeitschrift für empirische Pädagogik, 3(4), S. 297–308.
GDSU (Gesellschaft für Didaktik des Sachunterrichts) (2013): Perspektivrahmen Sachunterricht. Bad Heilbrunn: Klinkhardt.
Geißler, G. (2000): Geschichte des Schulwesens in der Sowjetischen Besatzungszone und in der Deutschen Demokratischen Republik 1945 bis 1962. Frankfurt am Main: Lang.
Gerstenmaier, J./Mandl, H. (1995): Wissenserwerb unter konstruktivistischer Perspektive. In: Zeitschrift für Pädagogik, 41(6), S. 867–888.
Giaquinta, J. B. (1973): The Process of Organizational Change in Schools. Review of Research in Education, I(I), pp. 178–208.
Göhlich, M./Zirfas, J. (2007): Lernen. Ein pädagogischer Grundbegriff. Stuttgart: Kohlhammer.
Goldenbaum, A. (2012): Innovationsmanagement in Schulen. Eine empirische Untersuchung zur Implementation eines Sozialen Lernprogramms. Wiesbaden: Springer VS.
Götz, M. (2017): Die Einzelarbeit in der Grundschule – eine Disziplinierungsgeschichte? In: Heinzel, F./Koch, K. (Hrsg.): Individualisierung im Grundschulunterricht. Anspruch, Realisierung und Risiken. Wiesbaden: Springer VS, S. 13–22.

Götz, M. (2019): Die Entwicklung der Institution Grundschule. In: Dühlmeier, B./Sandfuchs, U. (Hrsg.): 100 Jahre Grundschule. Geschichte, aktuelle Entwicklungen, Perspektiven. Bad Heilbrunn: Klinkhardt, S. 33–47.
Götz, M./Krenig, K. (2014): Jahrgangsmischung in der Grundschule. In: Einsiedler, W./ Götz, M./Hartinger, A./Heinzel, F./Kahlert, J./Sandfuchs, U. (Hrsg.): Handbuch Grundschulpädagogik und Grundschuldidaktik. 4. Auflage, Bad Heilbrunn: Klinkhardt, S. 92–98.
Götz, M./Sandfuchs, U. (2014): Geschichte der Grundschule. In: Einsiedler, W./ Götz, M./ Hartinger, A./Heinzel, F./Kahlert, J./Sandfuchs, U. (Hrsg.): Handbuch Grundschulpädagogik und Grundschuldidaktik. 4. Auflage, Bad Heilbrunn: Klinkhardt, S. 32–45.
Gräsel, C. (2010). Stichwort: Transfer und Transferforschung im Bildungsbereich. In: Zeitschrift für Erziehungswissenschaft, 13(1), S. 7–20.
Grittner, F./Wagener, M. (2017): Gemeinsam lernen im jahrgangsübergreifenden Sachunterricht. In: Miller, S./Holler-Nowitzki, B./Kottmann, B./Lesemann, S./Letmathe-Henkel, B./Meyer, N./Schroeder, R./Velten, K. (Hrsg.): Profession und Disziplin. Grundschulpädagogik im Diskurs. Wiesbaden: Springer VS, S. 185–190.
Gutiérrez, R./Slavin, R. S. (1992): Achievement Effects of the Nongraded Elementary School: A Best Evidence Synthesis. In: Review of Educational Research, 62(4), pp. 333–376.
Hameyer, U. (1978). Innovationsprozesse. Analysemodell und Fallstudien zum sozialen Konflikt. Weinheim und Basel: Beltz.
Hänsel, D. (2006): Die NS-Zeit als Gewinn für Hilfsschullehrer. Bad Heilbrunn: Klinkhardt.
Hargreaves, L./Kvalsund, R./Galton M. (2009): Reviews of research on rural schools and their communities in British and Nordic countries: Analytical perspectives and cultural meaning. In: International Journal of Educational Research, 48(2), pp. 80–88.
Hartinger, A. (2013): Sachunterricht heute – Konzeptionierung und Befunde aus der Forschung. In: Gläser, E./Schönknecht, G. (Hrsg.): Sachunterricht in der Grundschule. Frankfurt am Main: Grundschulverband e. V., S. 24–34.
Hartinger, A. (2014): Lernen in jahrgangsgemischten Klassen. In: Schulversuch Flexible Grundschule. Dokumentation, Ergebnisse, Empfehlungen für die Praxis, S. 139–143. Unter: https://bildungspakt-bayern.de/wp-content/uploads/2015/03/flexGrundschule_web100.pdf (abgerufen am 30.04.2021).
Haynes, N. M. (1998): Lessons learned. Journal of Education for Students Placed at Risk, 3 (1), pp. 87–99.
Helmke, A. (2013): Individualisierung: Hintergrund, Missverständnisse, Perspektiven. In: Pädagogik, 2, 34–37. Unter: http://andreas-helmke.de/wordpress/wp-content/uploads/2015/11/Paedagogik_2_13_Helmke_Individualisierung.pdf (abgerufen am 18.02.2021).
Herrlitz, H.-G./Hopf, W./Titze, H. (1998): Deutsche Schulgeschichte von 1800 bis zur Gegenwart. Eine Einführung. Weinheim und München: Juventa.
Hess, Jr., A. G. (1995). Restructuring urban schools: A Chicago perspective. New York: Teachers College Press.
Heyer-Oeschger, M. (2004): Die Grundstufe im Kanton Zürich. In: Faust, G./Götz. M./Hacker, H./Roßbach, H.-G. (Hrsg.): Anschlussfähige Bildungsprozesse im Elementar- und Primarbereich. Bad Heilbrunn: Klinkhardt, S. 218–232.
Heymann, H.-W. (2015): Selbstständigkeit erwächst aus Selbsttätigkeit und Selbstvertrauen. Was Lehrer im Unterricht dafür tun können. In: Pädagogik, 67(2), S. 6–9.
Hilgard, G. H./Bower, E. R. (1970): Theorien des Lernens I. Stuttgart: Ernst Klett.
Hillinger, E./Brettschneider, R. (2016): Reformschule Kassel – Grundlagen eines reformpädagogischen Schulkonzeptes. In: Hund-Göschel, G./Hadeler, S./Moegling, K. (Hrsg.): Was sind gute Schulen? Teil 2. Schulprofile und Unterrichtspraxis. Immenhausen bei Kassel: Prolog Verlag, S. 65–71.
Hinz, R./Sommerfeld, D. (2004): Jahrgangsübergreifende Klassen. In: Christiani, R. (Hrsg.): Schuleingangsphase neu gestalten. Berlin: Cornelsen, S. 165–186.
Hirschfeld, C./Kremin, R./Lassek, M./Rüppell, M./Landesinstitut für Schule (1999): Jahrgangsübergreifendes Lernen im Anfangsunterricht. Projekt 40 der Schulbegleitforschung. Bremen: LI.

Höke, J. (2013): Professionalisierung durch Kooperation. Chancen und Grenzen in der Zusammenarbeit von Kindergarten und Grundschule. Münster und Berlin: Waxmann.

Holtappels, H.-G. (2013): Innovation in Schulen – Theorieansätze und Forschungsbefunde zur Schulentwicklung. In: Rürup, M./Bormann, I. (Hrsg.): Innovationen im Bildungswesen, Educational Governance. Wiesbaden: Springer, S. 45–70.

Hörner, W. (2008): Internationale Entwicklungen. In: Jürgens, E./Standop, J. (Hrsg.): Taschenbuch Grundschule. Band 1. Baltmannsweiler: Schneider, S. 50–62.

Howe, C. (2009): Collaborative Group Work in Middle Childhood. Joint construction, unresolved contradiction and the growth of knowledge. In: Human Development, 52(4), pp. 215–239.

Huber, F. (1944): Allgemeine Unterrichtslehre. Leipzig: Klinkhardt.

Huf, C. (2006): Didaktische Arrangements aus der Perspektive von SchulanfängerInnen. Eine ethnographische Feldstudie über Alltagspraktiken, Deutungsmuster und Handlungsperspektiven von SchülerInnen der Eingangsstufe der Bielefelder Laborschule. Bad Heilbrunn: Klinkhardt.

Hunneshagen, H. (2005). Innovationen in Schulen. Identifizierung implementationsfördernder und -hemmender Bedingungen des Einsatzes neuer Medien. Münster: Waxmann.

Ingenkamp, K. (1969): Zur Problematik der Jahrgangsklasse. Weinheim, Berlin und Basel: Beltz.

Jahnke, H./Hoffmann, K. (2014): Die Zukunftsfähigkeit der Grundschulen in den ländlichen Räumen Schleswig-Holsteins. Unter: https://www.schleswig-holstein.de/DE/Fachinhalte/S/schulsystem/Downloads/Grundschul_Studie.html (abgerufen am 11.07.2020)

Kaiser, A./Lüschen, I. (2014): Das Miteinander lernen. Frühe politisch-soziale Bildungsprozesse. Eine empirische Untersuchung zum Sachlernen im Rahmen von Peer-Education zwischen Grundschule und Kindergarten. Baltmannsweiler: Schneider.

Kalaoja, E./Pietarinen, J. (2009): Small rural primary schools in Finland: A pedagogically valuable part of the school network. In: International Journal of Educational Research, 48 (2), pp. 109–116.

Kamski, I./Schnetzler, T. (2008): Ganztagsschule auf dem Weg – Innovationsentwicklung in der Ganztagsschule. In: Appel, S./Ludwig, H./ Rozher, U./Rutz, G. (Hrsg.): Leitthema Lernkultur. Schwalbach, Taunus: Wochenschau-Verlag, S. 160–171.

Keil, A./Röhner, C./Jeske, I./Godau, M./Padberg, S. (2017): Transformation von Kindheit im ländlichen Raum. Berlin und Toronto: Barbara Budrich.

Klaas, M. (2013): Perspektiven auf die jahrgangsgemischte Schuleingangsstufe Eine mehrperspektivische Betrachtung unter besonderer Berücksichtigung der Rekonstruktion des Erlebens von Kindern in der jahrgangsgemischten Schuleingangsstufe. Unter: https://kups.ub.uni-koeln.de/5088/1/Diss_Klaas_Maerz2013.pdf (abgerufen am 30.04.2021).

Klafki, W. (1992): Allgemeinbildung in der Grundschule und der Bildungsauftrag des Sachunterrichts. In: Lauterbach, R./Köhnlein, W./Spreckelsen, K./Klewitz, E. (Hrsg.): Brennpunkte des Sachunterrichts. Kiel: IPN.

KMK (Kultusministerkonferenz) (1997): Empfehlungen zum Schulanfang. Unter: https://www.kmk.org/fileadmin/veroeffentlichungen_beschluesse/1997/1997_10_24-Empfehlung-Schulanfang_01.pdf (abgerufen am 30.04.2021).

Knörzer, W. (1984): Kombinierte Klassen – mehr als eine Notlösung. Ergebnisse eines Forschungsprojekts. In: Pädagogische Welt, 38(1), S. 144–151.

Köhler, U./Krammling-Jöhrens, D. (2009): Altersmischung als Schulentwicklungsmodell – Erfahrungen aus der Glocksee-Schule. In: Bosse, D./Posch, P. (Hrsg.): Schule 2020 aus Expertensicht. Zur Zukunft von Schule, Unterricht und Lehrerbildung. Wiesbaden: VS, S. 93–98.

Kolbe, F.-U./Reh, S. (2008): Kooperation unter Pädagogen. In: Coelen, T./Otto, H.-U. (Hrsg.): Grundbegriffe Ganztagsbildung. Das Handbuch. Wiesbaden: VS, S. 799–808.

Kordulla, A. (2017): Peer-Learning im Übergang von der Kita in die Grundschule. Unter besonderer Berücksichtigung der Kinderperspektiven. Bad Heilbrunn: Klinkhardt.

Koslowski, C./Arndt, P. A. (2016): Bildungshaus 3–10: Bedingungen und Prozesse. Entwicklung und Ergebnisse einer gegenstandsangemessenen Strategie begleitender qualitativer Forschung. Leverkusen: Barbara Budrich.

Kraft, K. (2015): Phytotherapie in der Wundheilung. In: der niedergelassene Arzt, 27(4), S. 176–178, unter: https://www.der-niedergelassene-arzt.de/fileadmin/user_upload/zeitschriften/vasomed/Artikel_PDF/2015/04-2015/Kraft.pdf (abgerufen am 07.04.2021).

Krettenauer, T. (2014): Der Entwicklungsbegriff in der Psychologie. In: Ahnert, L. (Hrsg.): Theorien der Entwicklungspsychologie. Berlin und Heidelberg: Springer VS, S. 2–25.

Kucharz, D./Wagener, M. (2007): Jahrgangsübergreifendes Lernen. Eine empirische Studie zu Lernen, Leistung und Interaktion von Kindern in der Schuleingangsphase. Baltmannsweiler: Schneider.

Laging, R. (Hrsg.) (2003): Altersgemischtes Lernen in der Schule. 2. korrigierte Auflage, Baltmannsweiler: Schneider.

Liebers, K. (2008): Kinder in der flexiblen Schuleingangsphase. Perspektiven für einen gelingenden Schulstart. Wiesbaden: Springer VS.

Lloyd, L. (1999): Multi-Age Classes and High Ability Students. In: Review of Educational Research, 2, pp. 187–212.

Lompscher, J./Nickel, H. (1997): Entwicklung und Erziehung. In: Lompscher, J./Schulz, G./Ries, G./Nickel, H. (Hrsg.): Leben, Lernen und Lehren in der Grundschule. Neuwied, Kriftel und Berlin: Luchterhand, S. 7–32.

Lüschen, I./Kaiser, A. (2014): Gemeinsam »Das Miteinander lernen« – Sachlernen in altersübergreifenden Lernsettings. In: Kopp, B./Martschinke, S./Munser-Kiefer, M./Haider, M./Kirschhock, E.-M./Ranger, G./Renner, G. (Hrsg.): Individuelle Förderung und Lernen in der Gemeinschaft. Wiesbaden: Springer VS, S. 170–173.

Lüschen, I./Schomaker, C. (2012): Kinder erkunden die Welt. Zur Rolle von Lernaufgaben in altersübergreifenden Sachlernprozessen im Übergang vom Elementar- in den Primarbereich. In: Košinár, J./Carle, U. (Hrsg.): Aufgabenqualität in Kindergarten und Grundschule. Baltmannsweiler: Schneider; S. 185–195.

Mandl, H./Krause, U.-M. (2001): Lernkompetenz für die Wissensgesellschaft (Forschungsbericht Nr. 145). München: Ludwig-Maximilians-Universität, Lehrstuhl für Empirische Pädagogik und Pädagogische Psychologie. Unter: https://epub.ub.uni-muenchen.de/253/1/FB_145.pdf2001 (abgerufen am 24.03.2021).

Martschinke, S./Kammermeyer, G. (2018): Neuere Ansätze der Schuleingangskonzeption in ausgewählten Bundesländern. In: Schneider, W./Hasselhorn, M. (Hrsg.): Schuleingangsdiagnostik. Tests und Trends – Jahrbuch der pädagogisch-psychologischen Diagnostik. Göttingen: Hogrefe, S. 35–61.

Merklinger, D. (2011): Frühe Zugänge zu Schriftlichkeit. Eine explorative Studie. Freiburg im Breisgau.: Fillibach.

Messner, R. (1995): Selbständiges Lernen in der gymnasialen Oberstufe. In: Beck, E./Guldimann, T./Zutavern, M. (Hrsg.): Eigenständig Lernen. St. Gallen: UVK, S. 199–214.

Messner, R. (2017): Gute Schulen – selbstständig und mit besonderer Schulkultur. In: Steffens, U./Maag Merki, K./Fend, H. (Hrsg.): Schulgestaltung: Aktuelle Befunde und Perspektiven der Schulqualitäts- und Schulentwicklungsforschung. Grundlagen der Qualität von Schule 2. Münster: Waxmann, S. 209–230.

Mett, B./Schmidt, H. J. (2002): Kleine Grundschule – Reformprojekt oder Notbehelf? Ergebnisse einer wissenschaftlichen Begleitung. In: Heinzel, F./Prengel, A. (Hrsg.): Heterogenität, Integration und Differenzierung in der Primarstufe. Opladen: Leske und Budrich, S. 148–156.

Meuser, M./Nagel, U. (1991). ExpertInneninterviews – vielfach erprobt, wenig bedacht: Ein Beitrag zur qualitativen Methodendiskussion. In: Garz, D./Kraimer, K. (Hrsg.): Qualitativ-empirische Sozialforschung: Konzepte, Methoden, Analysen. Opladen: Westdeutscher Verlag, S. 441–471. Unter: https://nbn-resolving.org/urn:nbn:de:0168-ssoar-24025 (abgerufen am 26.02.2021)

Meuser, M./Nagel, U. (2005) Expertinneninterviews – vielfach erprobt, wenig bedacht. Ein Beitrag zur qualitativen Methodendiskussion. In: Bogner, A./Littig, B./Menz, W. (Hrsg.): Das Experteninterview. Theorie, Methode, Anwendung. 2. Auflage, Wiesbaden: VS, S. 71–94.

Meyer-Drawe (2008): Diskurse des Lernens. München: Fink.

Miller, M. (1986): Kollektive Lernprozesse. Studien zur Grundlegung einer soziologischen Lerntheorie. Frankfurt am Main: Suhrkamp.

Miller, M. (2006): Dissens. Zur Theorie diskursiven und systemischen Lernens. Bielefeld: Transkript.
Ministerium für Kultus, Jugend und Sport, Baden-Württemberg (Hrsg.) (2006): Abschlussbericht zum Modellprojekt »Schulanfang auf neuen Wegen«, Arbeitskreis Wissenschaftliche Begleitung. Unter: https://www.km-bw.de/site/pbs-bw2/get/documents/KULTUS.Dachmandant/KULTUS/kultusportal-bw/zzz_pdf/Abschlussbericht_24-07.pdf
Montessori, M. (1972): Das kreative Kind. Der absorbierende Geist. Freiburg, Basel und Wien: Herder.
Moser, U./Bayer, N. (2010): EDK-Ost 4bis8: Schlussbericht der summativen Evaluation. Unter: http://1067992402.darelesenew.club/delibro.php?q=EDK-Ost%204bis8:%20Schlussbericht%20der%20summativen%20Evaluation&s=9783292006165 (abgerufen am 30.04.2021).
Müller, J. (1956): Strukturwandel des Dorfes. Einfluß auf die ländliche Bildungsarbeit. Darmstadt: Winter.
Müller, R./Keller, A./Kerle, U./Raggl A./Steiner, E. (Hrsg.) (2011): Schule im alpinen Raum. Innsbruck: Studienverlag.
Neisser, U. (1974): Kognitive Psychologie. Stuttgart: Klett.
Nickel, H. (1988): »Die Schulreife« – Kriterien und Anhaltspunkte für Schuleingangsdiagnostik und Einschulungsberatung. In: Portmann, R. (Hrsg.): Kinder kommen zur Schule. Hilfen und Hinweise für eine kindorientierte Einschulungspraxis. Frankfurt am Main: Arbeitskreis Grundschule, S. 44–58.
Nohl, A.-M. (2012): Interview und dokumentarische Methode. Anleitungen für die Forschungspraxis. 4. überarbeitete Auflage, Wiesbaden: VS.
Otto, B. (1913): Gesamtunterricht. In: Kreitmeier, K. (1963): Berthold Otto. Ausgewählte Pädagogische Schriften. Paderborn: Schöningh.
Pape, M. (2016): Didaktisches Handeln in jahrgangsheterogenen Grundschulklassen. Eine qualitative Studie zur Inneren Differenzierung und zur Anleitung des Lernens. Bad Heilbrunn: Klinkhardt.
Pavan, B. N. (1992) The Benefits of Nongraded Schools. In: Educational Leadership, 50(2), pp. 22–25.
Peschel, F. (2016): Offener Unterricht. Idee, Realität, Perspektive. 9. unveränderte Auflage, Teil 1. Baltmannsweiler: Hohengehren.
Petersen, P. (1927/1972): Der kleine Jena-Plan. 53. Auflage, Weinheim: Beltz.
Petersen, P. (1934/1984): Führungslehre des Unterrichts. 10. Auflage, Braunschweig: Westermann.
Piaget, J. (1959/1973): Das Erwachen der Intelligenz beim Kinde. Stuttgart: Klett-Cotta.
Piaget, J. (1992): Psychologie der Intelligenz. Mit einer Einführung von Hans Aebli. 3. Auflage, Stuttgart: Klett-Cotta.
Piaget, J./Inhelder, B. (1972): Die Psychologie des Kindes. Olten und Freiburg im Breisgau: Walter.
Picht, G. (1964): Die deutsche Bildungskatastrophe. Analyse und Dokumentation. Olten und Freiburg im Breisgau: Walter.
Pieler, M./Wenzel, C./Landesinstitut für Schule und Medien Berlin-Brandenburg (2013): Das beweist, dass ich was geschafft habe. Beispiele für die Organisation individueller Lernwege in der Schulanfangsphase. Unter: https://bildungsserver.berlin-brandenburg.de/fileadmin/bbb/schule/grundschulportal/publikationen_grundschule/Individuelle_Lernwege_2013.pdf (abgerufen am 30.04.2021).
Pilz, S. (2018): Schulentwicklung als Antwort auf Heterogenität und Ungleichheit. Wiesbaden: Springer.
Plachy, G. (2015): Auf dem Weg zum individualisierten Unterricht am Beispiel des Lernweges, Havelmüller-Grundschule. Unter: https://havelmueller-grundschule.de/wp-content/uploads/2020/06/auf-dem-weg-zum-individualisierten-unterricht-.pdf (abgerufen am 30.03.2021).
Raggl, A. (2011): Altersgemischter Unterricht in kleinen Schulen im alpinen Raum. In: Müller, R./Keller, A./Kerle, U./Raggl, A./Steiner, E. (Hrsg.): Schule im alpinen Raum. Reihe Fokus Bildung Schule (Bd. 2). Innsbruck: Studienverlag, S. 231–305.

Raggl, A./Smit, R./Kerle, U. (Hrsg.) (2015): Kleine Schulen im ländlich-alpinen Raum. Innsbruck: Studien Verlag.
Reinmann, G. (2013): Didaktisches Handeln. Die Beziehung zwischen Lerntheorien und Didaktischem Design. In: Ebner, M./Schön, S. (Hrsg.): Lehrbuch für Lernen und Lehren mit Technologien. 2. Auflage, o. S., unter: https://www.pedocs.de/volltexte/2013/8338/pdf/L3T_2013_Reinmann_Didaktisches_Handeln.pdf (abgerufen am 23.03.2021)
Reinmann-Rothmeier, G./Mandl, H. (2001): Unterrichten und Lernumgebungen gestalten. In: Krapp, A./Weidenmann, B. (Hrsg.): Pädagogische Psychologie. Weinheim: Beltz. S. 601–646.
Reusser, K. (2006): Konstruktivismus – vom epistemologischen Leitbegriff zur Erneuerung der didaktischen Kultur. In: Baer, M./Fuchs, M./Füglister, P./Reusser, K./Wyss, H. (Hrsg.): Didaktik auf psychologischer Grundlage. Von Hans Aeblis kognitionspsychologischer Didaktik zur modernen Lehr- und Lernforschung. Bern: H.e.p.-Verlag, S. 151–168.
Rieck, K. (2005): Gute Aufgaben. Modulbeschreibung des Programms SINUS-Transfer Grundschule. Unter: https://www.schulportal-thueringen.de/get-data/a79020fe-f99b-4153-8de5-cfff12f92f30/N1.pdf (abgerufen am 11.04.2021).
Rodehüser, F. (1987): Epochen der Grundschulgeschichte. Darstellung und Analyse der historischen Entwicklung einer Schulstufe unter Berücksichtigung ihrer Entstehungszusammenhänge und möglicher Perspektiven für die Zukunft. Mit einem Historiogramm. Bochum: Winkler.
Rogoff, B. (1990): Apprenticeship in thinking: Cognitive development in social context. Oxford: University Press.
Röhner, C. (2004): Nach PISA und IGLU: Heterogenität und Leistung. In: Heinzel, F./Geiling, U. (Hrsg.): Demokratische Perspektiven in der Pädagogik. Annedore Prengel zum 60. Geburtstag. Wiesbaden: VS, S. 63–72.
Röhner, C./Skischus, S./Rauschenberger, H. (2008): Altersgemischt lernen im Primar- und Sekundarbereich. In: Röhner, C./Rauschenberger, H. (Hrsg.): Reformschule Kassel. Kompetentes Lehren und Lernen. Untersuchungen und Berichte zur Praxis der Reformschule Kassel. Grundlagen der Schulpädagogik, Band 61. Baltmannsweiler: Schneider, S. 8–21.
Ronksley-Pavia, M./Barton, G. M./Pendergast, D. (2019): Multiage Education: An Exploration of Advantages and through a Systematic Review of the Literature. Australian Journal of Teacher Education, 44(5). Unter: https://ro.ecu.edu.au/ajte/vol44/iss5/2 (abgerufen am 30.03.2021).
Roßbach, H.-G./Tietze, W. (1996): Schullaufbahnen in der Primarstufe. Eine empirische Untersuchung zu Integration und Segregation von Grundschülern. Münster: Waxmann.
Sambanis, M. (2009): Wissenschaftliche Begleitung des Modells »Bildungshaus 3–10« – Verzahnung von Kindergarten und Grundschule. In: Diskurs Kindheits- und Jugendforschung, 4(1), S. 131–135, unter: https://nbn-resolving.org/urn:nbn:de:0168-ssoar-334530 (abgerufen am 26.06.2020).
Schäfer, L. M. (2018): Zwischen Gestaltungsfreiheit und Isomorphismus: Implementierung von Reformen im System Schule. Eine multiperspektivische Analyse differenter Implementierungsvoraussetzungen auf Schulebene. Münster und New York: Waxmann.
Scheibe, W. (Hrsg.) (1974): Zur Geschichte der Volksschule. Band 2. 2. erweiterte und neu bearbeitete Auflage, Bad Heilbrunn: Klinkhardt.
Schmitt, H. (1992): Topographie der Reformschulen in der Weimarer Republik: Perspektiven ihrer Erforschung. In: Amlung, U./Haubfleich, D./Link, J.-W./Schmitt, H. (Hrsg.): »Die alte Schule überwinden.« Reformpädagogische Versuchsschulen zwischen Kaiserreich und Nationalsozialismus. Frankfurt am Main: dipa, S. 9–31.
Schomaker, C. (2009): Miteinander die Welt erkunden. Altersübergreifendes Sachlernen im Übergang vom Elementar- in den Primarbereich. In: Röhner, C./Henrichwark, C./Hopf, M. (Hrsg.): Europäisierung der Bildung. Konsequenzen und Herausforderungen für die Grundschulpädagogik. Wiesbaden: VS, S. 209–213.
Schulgesetz für das Land Berlin (Schulgesetz – SchulG) von Januar 2004, unter: https://www.schulgesetz-berlin.de/berlin/schulgesetz/teil-iii-aufbau-der-schule/abschnitt-ii-primarstufe/sect-20-grundschule.php (abgerufen am 02.06.2020).

Steins, G. (2004): Evaluation eines Schulversuchs zum jahrgangsübergreifenden Unterricht der Albert-Schweitzer-Grundschule in Essen: Ein Bericht. Unter: https://www.uni-due.de/fb2gst/evaluationen/Gesamtbericht.pdf (abgerufen am 30.04.2021).
Stern, E. (1951): Jugendpsychologie. 3. ergänzte Auflage, Breslau: Hirt Verlag.
Stone, S. J./Burriss, K. G. (2019): Understanding Multiage Education. New York und London: Routledge.
Stuchlik, E. (Hrsg.) (2000): Neugestaltung der Schuleingangsphase – ein Modellversuch an der Grundschule »Brüder Grimm«, Halle/Saale unter dem Schwerpunkt Sprache. Halle: Universität.
Tenorth, H.-E. (2011): Bildungspolitische Geschichte der »Grundschule« in der SBZ und frühen DDR, 1945/46–1951/52. In: Jung, J./König, B./Krenig, K./Stöcker, K./Stürmer, V./Vogt, M. (Hrsg.): Die zweigeteilte Geschichte der Grundschule 1945 bis 1989. Ausgewählte und kommentierte Quellentexte zur Entwicklung in Ost- und Westdeutschland. Münster: Lit.
Teumer, S. (2012): Beratung und Herausforderung für Grund- und Förderschullehrkräfte im Spannungsfeld der Neugestaltung des Schulanfangs. Fallportraits im Spiegel des Arbeitsbogenkonzepts. Bad Heilbrunn: Klinkhardt.
Veenmann, S. (1995): Cognitive and Noncognitive Effects of Multigrade and Multi-Age Classes: A Best-Evidence Synthesis. In: Review of Educational Research, 65(4), pp. 319–381.
von der Groeben, A./Geist, S./Thurn, S. (2011): Die Laborschule – ein Grundkurs. In: Thurn, S./Tillmann, K.-J. (Hrsg.): Laborschule – Schule der Zukunft. 2. überarbeitete und ergänzte Auflage, Bad Heilbrunn: Klinkhardt, S. 260–278.
Wagener, M. (2014): Gegenseitiges Helfen: Soziales Lernen im jahrgangsgemischten Unterricht. Wiesbaden: VS.
Wagener, M. (2020): zur Kooperation von KiTa und Grundschule im Kontext der Jahrgangsmischung. In: Pohlmann-Rother, S./Lange, S. D./Franz, U. (Hrsg.): Kooperation von KiTa und Grundschule. Band 2: Digitalisierung, Inklusion und Mehrsprachigkeit. Herausforderungen beim Übergang bewältigen. Köln: Carl Link, S. 226–249.
Weishaupt, H. (2009): Demografie und regionale Schulentwicklung. In: Zeitschrift für Pädagogik, 55(1), S. 56–72.
Wittich, C. (2017): Mathematische Förderung durch kooperativ-strukturiertes Lernen. Eine Interventionsstudie zur Ablösung vom zählenden Rechnen an Grund- und Förderschulen. Wiesbaden: Springer Spektrum.
Woodfolk, A. (2014): Pädagogische Psychologie. 12., aktualisierte Auflage, Hallbergmoos: Pearson Deutschland.
Wygotski, L. (1987): Arbeiten zur psychischen Entwicklung der Persönlichkeit. Ausgewählte Schriften, Band 2. Köln: Pahl-Rugenstein.
Youniss, J. (1982): Die Entwicklung und Funktion von Freundschaftsbeziehungen. In: Edelstein, W./Keller, M. (Hrsg.): Perspektivität und Interpretation. Beiträge zur Entwicklung des sozialen Verstehens. Frankfurt am Main: Suhrkamp, S. 78–109.
Youniss, J. (1994): Soziale Konstruktion und psychische Entwicklung. Herausgegeben von Krappmann L./Oswald, H. Frankfurt am Main: Suhrkamp.
Zapf, W. (1994): Über soziale Innovationen. In: Zapf., W.: Modernisierung, Wohlfahrtsentwicklung und Transformation: Soziologische Aufsätze 1987 bis 1994. Berlin: Edition Sigma, S. 23–40.